(2023年)

心理委员工作蓝皮书

——全国高校学生心理调查

Blue Book on China's Psychological Monitors

— Psychological Survey of College Students

主　编　詹启生　姚　斌　刘　卉
副主编　宋宝萍　李永慧　余金聪
孟　伟　王昌纯　王立前

天津大学出版社
TIANJIN UNIVERSITY PRESS

图书在版编目（CIP）数据

心理委员工作蓝皮书：全国高校学生心理调查 / 詹启生，姚斌，刘卉主编；宋宝萍等副主编. -- 3版. -- 天津：天津大学出版社，2023.10
ISBN 978-7-5618-7615-2

Ⅰ. ①心… Ⅱ. ①詹… ②姚… ③刘… ④宋… Ⅲ. ①大学生—心理健康—健康教育—教育工作—概况—中国 Ⅳ. ①G444

中国版本图书馆CIP数据核字(2023)第195162号

出版发行　天津大学出版社
地　　址　天津市卫津路92号天津大学内（邮编：300072）
电　　话　发行部：022-27403647
网　　址　www.tjupress.com.cn
印　　刷　北京虎彩文化传播有限公司
经　　销　全国各地新华书店
开　　本　710 mm × 1010 mm　1/16
印　　张　14.5
字　　数　256千
版　　次　2023年10月第1版
印　　次　2023年10月第1次
定　　价　48.00元

《心理委员工作蓝皮书》
系列著作编写指导委员会

华　盛　衢州职业技术学院
向莉莉　南京师范大学
刘　飞　长安大学
刘　卉　北京大学
刘　欣　西北工业大学
刘　洋　河北大学
刘　娜　河北农业大学
刘　莉　西南石油大学
刘　晨　电子科技大学
刘时勇　阜阳师范大学
刘希磊　贵州财经大学
刘取芝　河海大学
刘国华　广东海洋大学
刘明波　复旦大学
刘诗林　云南大学滇池学院
刘春雷　吉林师范大学
刘晓佳　吉林铁道职业技术学院
刘祥辉　北京林业大学
刘晶晶　新疆师范大学
刘慧瀛　郑州大学
祁春春　山西晋中理工学院
许琳玲　福州大学
孙元元　南京信息职业技术学院
阳　朝　井冈山大学
牟宏玮　中国海洋大学
严伟伟　浙江树人学院
苏　睿　齐鲁师范学院
杜松涛　安徽工程大学
李　宁　南京工程学院
李　运　毕节幼儿师范高等专科学校
李　佳　西北大学
李　洁　山东青年政治学院
李巾英　黑龙江大学
李永慧　华东理工大学
李亚兰　北京电子科技学院
李军霞　焦作师范高等专科学校
李志明　合肥工业大学
李宝山　中山大学
李宪琴　河北旅游职业学院
李晓含　山东大学
李海亮　桂林理工大学
李静娴　岭南师范学院
杨　学　首都师范大学
杨　威　忻州师范学院
杨　爽　天津商业大学
杨　颍　上海理工大学
杨凤娟　黑龙江科技大学
杨钦君　重庆第二师范学院
杨惠琴　西南科技大学
杨晶晶　哈尔滨工业大学
肖　琼　西安石油大学
肖　斌　中国科学院大学
吴　冉　华东师范大学
吴　涛　河北工业大学
吴　瑶　洛阳师范学院
佘洋燕　绵阳职业技术学院
余金聪　中南财经政法大学
谷莲莲　滁州城市职业学院
辛永娜　湖北城市建设职业技术学院
辛世敏　黑龙江公安警官职业学院
汪　静　浙江理工大学科技与艺术学院

沙丽曼　石河子大学
沈克祥　中国科学技术大学
沈艳红　安徽师范大学
宋　娟　上海第二工业大学
宋传颖　邵阳学院
宋宝萍　西安电子科技大学
张　虹　新疆财经大学
张　莹　四川大学
张　晶　浙江海洋大学
张　瑾　滁州学院
张万春　中国石油大学(华东)
张东明　海口经济学院
张延华　华中农业大学
张江华　中南大学
张军华　江西农业大学
张丽波　长春工业大学
张秀琴　青海民族大学
张柯蓝　华中科技大学
张秋艳　广州商学院
张雪松　南通大学
张影侠　济南工程职业技术学院
张璐璐　中国石油大学(北京)克拉玛依校区
陈　权　江苏大学
陈　虹　闽南师范大学
陈　娟　重庆师范大学
陈仁伟　浙江师范大学
武　琳　东北大学
武俊儒　浙江工业职业技术学院
范韶维　中国矿业大学
林　麟　新余学院
林乃磊　唐山工业职业技术学院
林威娜　湖南大学
尚宇红　河南工业大学
易雪梅　江西中医药大学
罗　乐　四川建筑职业技术学院
罗　琳　四川师范大学
罗灵娜　龙岩学院
金　璐　浙江建设职业技术学院
周　蜜　中国农业大学
周小琳　吉林财经大学
周爱静　天津交通职业学院
周颖萍　济南职业学院
庞少红　广西卫生职业技术学院
郑伟东　山西工商学院
孟　伟　吉林外国语大学
封　静　湖北经济学院法商学院
赵　军　南昌航空大学
赵　明　贵州大学
赵山霞　四川工商职业技术学院
赵卫平　南阳理工学院
赵灵芝　河南城建学院
赵艳霞　山东第一医科大学
胡　铂　秦皇岛职业技术学院
钟小川　惠州学院
侯　燕　扬州大学
姜立君　大连大学
费俊峰　南京大学
姚　斌　西安交通大学
秦　凤　上海应用技术大学
秦　莉　宁夏大学
袁辰馨　南京航空航天大学

索梦弦　兰州大学
贾　涛　安庆师范大学
钱淑红　东北林业大学
徐艳平　华南师范大学
徐维玮　莆田学院
高　娟　山东劳动职业技术学院
高书雅　吉林水利电力职业学院
高艳玲　中国药科大学
高淑艳　牡丹江师范学院
郭彦霞　河南中医药大学
浦晓黎　浙江理工大学
桑小洲　吉林电子信息职业技术学院
黄艳苹　广东工业大学
曹雪丰　江苏城乡建设职业学院
崔美玉　延边大学
康纯佳　滨州学院
梁社红　浙江大学
彭向君　新疆大学
董　雪　陕西科技大学
韩　雪　南京交通职业技术学院
韩艳春　山西工程科技职业大学
焦　晶　南昌工程学院
温娟娟　河南职业技术学院
谢国秀　遵义医科大学
詹启生　天津大学
潘元青　天津职业技术师范大学
潘柳燕　广西大学

前　言

在中国心理学会心理危机干预工作委员会、全国高校心理委员研究协作组指导下，《心理委员工作蓝皮书——心理委员工作研讨会十二载》于2018年出版并在第十三届全国高校心理委员工作研讨会暨朋辈辅导论坛上正式发布。这是《心理委员工作蓝皮书》系列的第一本著作。

《心理委员工作蓝皮书》系列著作反映了全国高校心理委员工作整体情况，其中涵盖全国高校心理委员研究协作组理事单位的心理委员工作，展示了全国高校心理委员工作的进展。《心理委员工作蓝皮书——全国高校学生心理调查》作为本系列著作的最新成果，对过去一年全国高校心理委员工作的一些重大活动进行了概括总结，如全国高校心理委员工作研讨会暨朋辈辅导论坛上的所有主题会议报告、会前工作坊、会中工作坊与会后工作坊。《心理委员工作蓝皮书——全国高校学生心理调查》记录了2022年第十七届全国高校心理委员工作研讨会暨朋辈辅导论坛的28个主题会议报告与各种工作坊等。

《心理委员工作蓝皮书——全国高校学生心理调查》同时对第六届全国高校心理情景剧优秀剧目展演结果和第二届全国高校心理微电影优秀作品展演结果进行了公布，展示了一批新的心理情景剧剧目与心理微电影作品；对第五届"全国百佳心理委员"和全国高校心理委员工作示范单位进行了展示。

特别地，全国高校心理委员研究协作组对全国高校学生进行了心理调研，参与调研的学生（含心理委员）共计25.313 1万名。相关统计结果已记录在本书中。

2023年，中国心理学会心理危机干预工作委员会在上海市甘泉外国语中学举办了首届中小学心理危机干预工作研讨会，会议取得的相关成果同样记录在本书中。

参与本书编写的人员及其负责的相关内容如下。第一部分“常务理事会议简介”由詹启生负责撰写；第二部分“理事单位心理委员工作展示”由刘心怡负责材料的收集与整理，史同笑和刘丹参与了理事单位名单整理；第三部分“全国高校学生心理调查”中全国调查问卷的编制由詹启生带领课题组全体成员（包括彭维、史同笑、刘丹、李梦日、宋方林、张含悦、张欢、张丽莎、王苏、刘洋、李楚洁，以上排名不分先后）完成，问卷回收后的数据处理由宋方林、王苏、张丽莎完成，最终文稿由宋方林撰写；第四部分“第五届‘全国百佳心理委员’名单（2022）”和第五部分“第六届全国高校心理情景剧获奖名单（2022）”由詹启生负责整理；第六部分“第十七届全国高校心理委员工作研讨会简况（2022）”由彭维负责整理与撰写；第七部分“第二届全国高校心理微电影获奖名单（2022）”和第八部分“第四期全国心理委员标准化教学研讨暨心理委员督导会议（2023）”由詹启生负责整理与撰写；第九部分“第11期与第12期天津大学心理委员论坛”由张含悦和彭维负责整理与撰写；第十部分“首届中小学心理危机干预工作研讨会交流材料”的格式由李梦日负责整理；其他主编与副主编参与了本书的撰写、审阅、定稿等工作，为第十七届全国高校心理委员工作研讨会暨朋辈辅导论坛和第六届全国高校心理情景剧优秀剧目展演的成功举办和圆满完成付出了大量时间和精力。

感谢天津大学出版社对本书的出版所给予的大力支持。

詹启生

2023年6月16日

目　　录

第一部分　常务理事会议简介

为了稳步推进全国高校心理委员工作，全国高校心理委员研究协作组常务理事会在每月最后一个周日晚上定期举行常务理事会议，讨论一系列与全国高校心理委员工作相关的问题，并就相关问题制定应对方案。以下为部分常务理事会议情况介绍。

(1)2022 年 10 月 30 日，常务理事会议。

会议讨论内容：全国高校心理委员示范单位评选的相关事宜；第二届全国高校心理微电影优秀作品展演的相关事宜。会议由全国高校心理委员研究协作组组长姚斌主持，常务理事詹启生、费俊峰、宋宝萍、刘明波、李永慧、赵卫平、杨雪梅、王敬群、肖斌、刘卉、牛勇、陶爱荣、王立前、叶芹等出席，如图 1-1 所示。

图 1-1　参加会议的人员 1

(2)2022 年 11 月 25 日，第五届“全国百佳心理委员”评审动员会议。

第五届“全国百佳心理委员”评审工作按照预先计划如期顺利举行。第五届“全国百佳心理委员”网络展示时间为三天，通过微信小程序“心委之家”进行，具体操作方案在微信群内发布。2022 年 11 月 25 日晚，“心委之家”小程序发布，第五届“全国百佳心理委员”评审工作启动。参加第五届“全国百佳心理委员”评审工作启动仪式的嘉宾有中国心理学会副秘书长、中国心理学会心理危机干预工作委员会主任刘正奎，中国心理学会心理危机干预工作委员会副主任詹启生，中国心理学会心理危机干预工作委员会委员、全国高校心理委员研究协作组组长姚斌，以及各有关常务理事。启动仪式由嘉宾致辞与讲解评审程序两部分组成。

（3）2023 年 1 月 31 日，常务理事会议。

会议讨论内容：2022 年的工作总结和 2023 年的工作计划。会议由全国高校心理委员研究协作组组长姚斌主持，常务理事詹启生、费俊峰、宋宝萍、刘明波、李永慧、赵卫平、杨雪梅、王敬群、肖斌、刘卉、王立前等出席，如图 1-2 所示。

图 1-2　参加会议的人员 2

（4）2023 年 2 月 26 日，常务理事会议。

会议讨论内容：第二届全国高校心理微电影评审结果和心理委员标准化课程教学的建设规划。会议由全国高校心理委员研究协作组组长姚斌主持，常务理事詹启生、费俊峰、宋宝萍、刘明波、李永慧、赵卫平、杨雪梅、王敬群、肖斌、刘卉、王立前等出席，如图 1-3 所示。

图 1-3　参加会议的人员 3

（5）2023 年 3 月 26 日，常务理事会议。

会议讨论内容：第六届全国高校心理情景剧大赛的情况；理事单位的规范化管理；心理委员标准化课程教学的前期准备。会议由全国高校心理委员研究协作组组长姚斌主持，常务理事詹启生、费俊峰、宋宝萍、李永慧、赵卫平、杨雪梅、王敬群、肖斌、刘卉、王立前等出席，如图 1-4 所示。

图 1-4　参加会议的人员 4

第二部分　理事单位心理委员工作展示

1. 天津大学心理委员工作展示

詹启生

2022 年 1 月 1 日至 10 日、2022 年 7 月 1 日至 10 日与 2023 年 1 月 1 日至 10 日，天津大学分别完成第五次、第六次与第七次全校心理委员工作总结。

天津大学在 2021—2022 学年第二学期在北洋园校区培训了本科生心理委员 128 名，在 2022—2023 学年第一学期在卫津路校区与北洋园校区分别培训本科生心理委员 205 名与 261 名。本科生心理委员使用《心理委员的基础知识与实用技能》教材接受课程培训（詹启生主讲）。2022 年 9 月 24 日至 25 日与 10 月 22 日，天津大学在卫津路校区与北洋园校区分别对 122 名研究生与 150 名研究生心理委员进行 8 个专题的集中培训（由天津大学詹启生、安莉、许欣、赵宏祥，南京大学费俊峰主讲）。

2022 年，詹启生、夏天宇在第 6 期《心理学探新》上发表论文《基于 CiteSpace 的心理委员研究演进路径分析》。2022—2023 年，3 篇关于心理委员（psychological monitors）的核心论文“Difference and Analysis of Evaluating Psychological Monitors’ Interview and Classmates’ Being Interviewed about Suicide”（*Frontiers in Psychology*）、“Impact of Psychological Monitors’ Interview about Suicide on College Students’ Negative Emotion”（*Psychology in the Schools*）与“Development of Psychological Monitors’ Listening Competency Questionnaire in College”（*Current Psychology*）在 SSCI 期刊上发表，为心理委员在班级开展有关自杀问题的访谈、关注自杀访谈对班级同学的情绪影响以及心理委员倾听能力问卷编制及应用等提供了参考和指导。

2023 年 4 月，天津大学成功举办了第十一期心理委员论坛与第十二期心理委员论坛。

2023 年 5 月，詹启生主讲的“心理委员的基础知识与实用技能”课程入选天津大学一流本科课程，并入选申请天津市一流本科课程及国家级一流本科课程。

2023 年 6 月 2 日，天津大学心理情景剧《难道这是我的错吗？》获第六届全国高校心理情景剧优秀剧目展演三等奖。

2. 广东海洋大学心理委员工作展示

杨苗苗

2022 年，广东海洋大学在《广东海洋大学班级心理委员管理办法（试行）》和《广东海洋大学学生心理危机干预暂行办法》两项制度的引领下，严格落实心理问题周排查月汇报制度、学生心理危机研判分析制度、重点需关注学生动态追踪机制，充分发挥班级心理委员在心理危机干预工作中不可替代的作用，并将心理委员的设置与培训作为学院工作考核重点。

在校级层面，学校集聚校内外专家、线下和线上资源为全校心理委员开展了 21 个专题的全面系统培训，累计 900 余人次参加。在院级层面，各学院定期开展心理委员工作座谈会与培训会，累计开展 84 场，让心理委员在培训与交流中释放压力、学习知识以及促进自身成长。在心理健康教育活动的组织方面，在以心理委员为主要宣传力量的推动下，学校第 19 届“5・25”心理健康教育月活动顺利开展，共收到 271 个原创手绘作品、104 个心理演讲作品、111 个心理公益广告作品、75 个原创心理剧作品，共计 561 个。学校选出部分优秀作品参加比赛，最终获得省级一等奖 3 项、二等奖 5 项、三等奖 2 项。学校鼓励心理委员等朋辈力量作为协同者，在心理健康教育与咨询中心老师的带领下，参与表达性艺术团体心理辅导，累计 250 余人次受益。

3. 南通大学心理委员工作展示

赵　霞

2022 年 9 月至 2023 年 5 月，南通大学充分发挥大学生心理协会四级预警网络作用，做到“三个注重”。一是注重心理委员队伍培训，做到“六知晓五覆盖”。在内容上要求知晓工作职责、工作内容、朋辈互助、危机识别与应对、活动组织与实施、工作伦理等六方面知识；在对象上要求覆盖大学生心理协会各级组织骨干、班级心理委员、宿舍心理信息联络员、学生社团骨干、班级主要学生干部等五大对象，以点带面，促进心理健康教育工作提质增效。二是注重提升心理委员工作实效，做到“从学生中来，到学生中去”。学校面向班级心理委员、宿舍心理信息联络员、大学生心理协会各级组织骨干每学期召开3场座谈会，了解心理委员工作的开展情况和存在的困难，汇总学生普遍关注的问题和存在的困扰，征集对心理健康教育工作的意见和建议，并在此基础上指导心理委员制定解决方案。三是注重心理委员工作研讨，做到定位科学和工作规范。学校在2022年下半年开展了“朋辈互助，心灵守护”心理委员工作专题研讨活动，在2023年上半年开展了以“如何开展心理健康教育主题班会”为主题的心理委员专题培训，并通过“十佳心理委员”“十佳朋辈辅导者”“心协十佳干部”“心协工作先进班级”等评比与展示活动，以赛促建，不断提高心理委员的素质和能力。

4. 安徽财经大学心理委员工作展示

尹明证

（1）开展心理支持热线及网络心理辅导服务，助力学校疫情防控工作。

（2）开展2022年“5·25我爱我”主题活动，举办“释放心能量，健心向未来”、“‘罩’唤‘心能量’和共赏夜游会等一系列团体心理辅导活动。

（3）举办安徽财经大学第十届校园心理情景剧比赛暨第五届全国高校心理情景剧大赛校内选拔赛，报送剧目《跳出自卑，舞出自我》参加第五届全国高校心理情景剧优秀剧目展演。

（4）落实劳动、安全与健康教育课程教学任务，开设52个班，授课老师达77人，建立听课、评课制度，组织心理委员进课堂听课评分。

（5）2022年10月，在东校区博雅楼模拟法庭举办“十佳心理委员评选”活动。

（6）2022年10月10日，在第31个世界精神卫生日，学校大学生心理委员联合会在东校区西操场举办“安财心”心理运动会。

（7）2022年10月16日至19日，心理委员全程参与2022级新生心理健康测试，建立新生心理健康档案。

（8）2022 年 10 月 19 日至 2023 年 1 月，2022 级心理委员培训工作正式启动，160 名心理委员使用《心理委员的基础知识与实用技能》教材接受课程培训（尹明证主讲）。此次培训包含理论课 5 次、拓展和朋辈辅导课 4 次。157 名心理委员参加结业考试。

5. 南京工程学院心理委员工作展示

王　政

2022 年 9 月至 2023 年 4 月，南京工程学院心理委员使用《心理委员的基础知识与实用技能》教材接受课程培训（王政主讲）。学校在 2022 年第一学期在东区大学生活动中心培训了心理委员 306 名，第二学期在东区大学生活动中心培训了心理委员 312 名（培训由南京工程学院丁蕾、王政，南京医科大学王志琳主讲）。

6. 云南大学滇池学院心理委员工作展示

马　晴

云南大学滇池学院的心理委员工作由学生处心理健康教育咨询中心负责指导、组织和开展。

2022 年 9 月至 2022 年 12 月，学生处心理健康教育咨询中心专职心理教师对 2021 级和 2022 级共 223 名心理委员开展心理委员专业培训。

2023 年 3 月至 6 月，学生处心理健康教育咨询中心专职心理教师对 2019 级、2020 级共 214 名心理委员开展心理委员专业培训，培训内容为心理委员的角色定位、异常心理的识别与判断、心理情景剧常用技巧、团体心理辅导等。

2023 年 4 月至 6 月，班级心理委员积极参与学院第十七届“与阳光同行”心理健康月的各项活动，如第八届心理情景剧大赛和心理健康短视频大赛、第七届心理健康手抄报大赛、心理健康知识系列讲座及心理游园会等活动。

7. 大连艺术学院心理委员工作展示

马春凤

大连艺术学院重视加强班级心理委员队伍建设。2022 年 3 月 22 日至 4 月 22 日、2022 年 10 月 11 日至 11 月 15 日，学校组织全校近 1 000 名班级心理委员参加高校心理委员工作平台举办的第三期、第四期高校心理委员 MOOC（慕课）培训，87% 的班级心理委员完成培训并获得合格证书；2022 年 3 月 24 日，大连艺术学院心理委员联合会成立；2022 年 4 月 15 日，举办线上心理健康专题培训，大连艺术学院心理委员联合会干部参加培训；2022 年 4 月 25 日，指导 7 个分院成立心理委员社区；2022 年 5 月 6 日，举办心理委员社区干部培训活动，近 50 名心理委员社区干部参加培训；2022 年 7 月 20 日至 8 月 20 日，购置近 1.5 万元家具及办公用品，在三期学生公寓 1 号楼一层设立公寓心理委员朋辈辅导员的心灵花园，即“勿忘我”心灵花园；2022 年 11 月 30 日至 12 月 1 日，大学生心理发展与服务中心教师马春凤、文化艺术管理学院学生心理委员张超凡、戏剧影视与传媒学院学生心理委员沈恬伊参加了第十七届全国高校心理委员工作研讨会，张超凡、沈恬伊荣获第五届“全国百佳心理委员”称号。

8. 电子科技大学心理委员工作展示

刘 晨

自 1991 年制定朋辈心理工作制度起，经过 30 余年发展，电子科技大学形成了集选拔、培训、实践、考评为一体的朋辈组织架构，构建了“宿舍（宿舍长）—班级（心理委员）—学院（心理理事）—学校（朋辈心理成长联盟）”四级朋辈工作体系。

学校心理健康教育中心每年以班级为单位，选拔本科新生心理委员 180 人左右；2021 年起，每年以班级、党支部、课题组等为单位，选拔研究生心理委员 270 人。

在培训上，形成“主干课程 + 提升课程 + 团体心理辅导”的科学培养体系，设置覆盖本科生和研究生心理委员的必修课程，以及开设提升专题类选修课程和组织团体心理辅导活动。

在实践上,心理委员与宿舍长每两周就学生情况进行沟通,收集“学生心理晴雨表”,形成“班级心理健康周报表”并上报。学校每年指导心理委员开展新生心理健康教育中心体验行、心理主题班会、心理测评等全覆盖心理活动,并要求心理委员每学期持续开展学院特色心理活动,以“话心”APP(应用程序)进行数据统计和活动考评。

学校结合信息化特色,依托校内多平台全力打造“成电心委”校园文化品牌,长期开展体系化、贴近学生生活的“蓝手环行动”,倡导朋辈之间互相关怀。2019—2022 年度,学校共有 7 名心理委员荣获“全国百佳心理委员”称号;2022 年,学校被评为全国高校心理委员工作示范单位。

9. 桂林理工大学心理委员工作展示

肖梦洁

2022 年 11 月,桂林理工大学专门开设了大学生朋辈心理辅导的理论与实践选修课,将心理委员的培养课程化,课程共 2 学分,32 课时,其中理论课 28 课时,实践课 4 课时。该课程以《心理委员的基础知识与实用技能》为教材。2022 年秋季学期对雁山校区的本科生心理委员授课,2023 年春季学期对屏风校区的心理委员授课,两学期分别有 197 名学生和 45 名学生选课并完成课程考核。另外,学校自 2022 年开始,每年都组织朋辈辅导技能大赛,大赛分为心理知识竞答、心理知识视频宣传、心理辅导模拟 3 个部分。在大赛过程中,学校心理健康教育与咨询中心的老师对参赛的心理委员再次进行专业培训,通过大赛的形式,让心理委员以赛促学,以提高他们的心理助人能力。2022 年 9 月至 2023 年 6 月,学校朋辈队伍共开展“心悦读”活动 32 期,团体心理辅导 30 期。每年年底学校开展优秀心理委员评选及表彰大会,2022 年共对 58 名心理委员进行表彰。

10. 吉林医药学院心理委员工作展示

冯桂梅　　何志涛

吉林医药学院前身为第四军医大学吉林军医学院。学校心理委员选拔与培养继承军校管理理念，通过校级大学生心理健康服务部、二级学院心理部和班级心理委员开展朋辈心理互助服务工作。

2022 年 4 月 9 日至 10 日，组织心理委员参加“抗击疫情全国心理委员大讲堂”系列公益讲座。

2022 年 4 月 17 日，组织 50 余名大学生心理健康服务部学生参加心理技能提升线上培训。

2022 年 4 月 18 日，编制《吉林医药学院大学生心理抗疫自助手册》。

2022 年 4 月 22 日至 5 月 6 日，开展以“音乐冥想、缓解压力”“聆听心声、为战‘疫’减压”为主题的团体心理辅导活动。

2022 年 4 月 30 日至 5 月 30 日，组织第十七届“5·25”大学生心理健康节系列活动，开展心理委员 MOOC 培训、心理疗法 MOOC 培训、心理知识竞赛、优秀心理工作者、“十佳心灵使者”评选等活动，充分提升朋辈心理互助团体的工作能力。

2022 年 10 月 12 日，组织 80 余名 2022 级心理委员参加心理委员技能提升培训班。

2022 年 10 月 17 日至 23 日，组织班级心理委员开展 2022 级新生参观心理健康教育与咨询中心、心理普查、心理约谈等工作。

2022 年 11 月 13 日，成立心剧团、心理宣讲团两个朋辈心理互助组织。

2022 年 12 月，学校学生刘知睿获第五届“全国百佳心理委员提名奖”。

11. 西北大学心理委员工作展示

李　佳

为了推进大学生心理健康教育工作，帮助心理委员、宿舍长、学生心理社团成员等学生骨干树立正确的健康观念，明确自身的角色定位，掌握必要的心理健康知识及助人技能，培养一批合格的“阳光使者”，2022 年 9 月至 11 月，西北大学开展了“心理委员的角色与定位”（丁闽江主讲）、“心理危机的识别与应对”（杨新国主讲）、“朋辈心理互助技术”（陈瑜主讲）、“小心委，大作为——主题班会的策划与组织”（余金聪主讲）、“睡眠健康管理”（范滕滕主讲）等讲座。学校学生心理委员共计 800 人在线上参加讲座。

2023 年春季学期，各院系组织学生开展心理委员专题讲座、心理主题班会（每个班级至少一次）、心理成长团体心理辅导沙龙（每个学院至少一次），累计 100 余场次，覆盖学生 2 000 人次。

12. 东北电力大学心理委员工作展示

文　竹

2022 年，东北电力大学充分发挥心理委员队伍作用，不断促进心理委员个人成长，具体做了以下三个方面的工作。

（1）组织心理委员广泛开展朋辈辅导。2022 年春季学期，学校组织全校心理委员广泛开展朋辈辅导。两个月内，全校心理委员共与 8 963 名同学进行朋辈谈心，在发现学生心理状态波动、疏导不良情绪和传递积极观念等方面做出了积极贡献。

（2）支持和指导心理委员在疫情防控期间开展宣传教育活动。学校编制了《心理委员疫情防控期间心理工作手册》，并组织全校心理委员参加“抗击疫情全国心理委员大讲堂”系列公益讲座，为心理委员开展心理健康工作提供参考和指导。在此基础上，学校指导全校心理委员开展线上心理主题班会、读书成长等活动 1 000 余次，组织学生参加校、院心理健康教育活动（共 17 000 余人次参加），有效地促进班级内形成关注当下、积极成长的良好氛围。

（3）规范心理委员的管理和培养模式。学校面向心理委员开设相关课程 24 学时，进行实操培训 1 场，以提高心理委员的个人素养和工作能力；进一步组织开展 2022 年度心理委员工作总结，评选出校级年度优秀心理委员 17 名，推荐其中 1 人参加第五届“全国百佳心理委员”评选并获奖，起到了良好的示范和激励作用。

13. 浙江海洋大学心理委员工作展示

郑懿恺

2022 年 4 月 3 日，浙江海洋大学开展了 2022 年春季“心理护航”动员大会暨心理危机干预培训，并邀请舟山市第二人民医院的专家为全校心理委员开展以“高校常见心理问题及预防”为主题的专题讲座,增加了全校心理委员的心理危机防范意识,为进一步开展心理健康工作奠定了基础。

2022 年 4 月 18 日,学校心理咨询中心面向由 20 名各学院心理委员组成的预备团开展宣讲团培训,培训后于 4 月下旬对预备团成员进行了考核,择优选出 10 名心理委员组成正式团。正式团于 5 月在各二级学院开展了心理宣教工作,内容涵盖春季心理问题、心理危机识别与干预等内容。

为提高心理委员的理论与实践能力,2022 年 5 月 21 日至 27 日学校对全校心理委员开展了心理委员危机干预知识考核;2022 年 6 月 1 日,开展了 2022 年春季“心理护航”心理委员危机干预能力测试,测试采用模拟演练的方式进行,部分随机抽取的心理委员参与了此次测试。

2022 年 6 月,学校评选并表彰了 2022 年春季“心理护航”动员大会暨心理危机干预培训的先进个人与集体。

2022 年 10 月,学校以秋季“新航线”活动为抓手,开展了全校新任心理委员上岗培训,170 余名新任心理委员参与了此次培训,提升了新任心理委员的敬业精神与工作能力。

2022 年 11 月,学校评选出了校级“十佳心理委员”。

2022 年 12 月,心理委员傅梦楠、叶航初荣获第五届“全国百佳心理委员”称号。

14. 河南工业大学心理委员工作展示

曹 峥

2022 年 9 月至 2023 年 6 月,学校先后开展“搭建心防线,筑牢新屏障”心理委员系列培训会、心理委员 MOOC 培训,整个学年共培训心理委员、心理信息员 1 800 余人;开展第四届心理委员技能大赛,共 151 人参赛,经过初赛、复赛的激烈角逐,最终有 15 位心理委员进入决赛并取得优异成绩;评选校级优秀心理委员,共 102 名心理委员被评为优秀心理委员;参加第五届“全国百佳心理委员”评比,1 人荣获第五届“全国百佳心理委员”称号,2 人获第五届“全国百佳心理委员提名奖”;成立朋辈讲师团,选拔 55 名优秀心理委员进行心理专业技能培训,经过培训、考核,17 名心理委员脱颖而出,成为朋辈讲师团的一员。另外,学校全年开展心理委员交流会、心理委员素质拓展、心理委员“心灵读书会”、“呵护心灵 助人自助”等丰富多彩的活动，为今后更好地开展心理委员朋辈互助工作奠定基础。

15. 吉林财经大学心理委员工作展示

周小琳

2022 年 3 月，心理委员在本班级内开展疫情防控期间心理自助手册宣讲解读工作。

2022 年 3 月，组织线上心理委员电影沙龙活动——“发现身边的小确幸——当幸福来敲门”。

2022 年 3 月，开展“‘疫’路同心，心理委员对你说”线上推文活动。

2022 年 4 月，组织各班心理委员开展“调节情绪，缓解压力”主题班会。

2022 年 4 月，面向心理委员开展“如何提高心理抗疫力”线上培训。

2022 年 5 月，开展 21 天打卡训练营活动，各班级心理委员选择由学校心理咨询中心提供的打卡项目。

2022 年 5 月，召开心理委员专题书籍分享会，此次分享会分为两个阶段：各学院心理专员老师布置交流书籍；心理委员带领学生进行朋辈交流。

2022 年 5 月，举办心理委员主题活动“心理委员有话对你说留言板”。

2022 年 6 月，召开心理委员座谈会，心理委员代表交流已完成工作、未完成工作及工作中的难点。

2022 年 9 月，开通线上心理委员朋辈互助热线。

2022 年 9 月，心理健康教育咨询与服务中心教师开展 2022 级心理委员基础知识与技能培训。

2022 年 10 月，针对心理委员开展“新学期如何处理好寝室关系”主题交流会。

2022 年 11 月，组织心理委员参加 2022 年高校心理委员工作平台心理委员 MOOC 培训，全校 61 名心理委员参加培训并取得合格证书。

2022 年 11 月，心理委员带领学生观看心理健康教育咨询与服务中心制作的微视频《心理防护指南“心”十条》，帮助学生缓解情绪。

2022 年 12 月，心理委员霍金燕荣获第五届“全国百佳心理委员”称号。

2022 年 12 月，心理健康教育咨询与服务中心召开“朋辈携手，寒冬送暖”心理委员朋辈心理互助交流会。

16. 华南师范大学心理委员工作展示

徐艳平

2022 年 7 月至 2023 年 6 月，本科生心理委员使用《心理委员的基础知识与实用技能》教材接受课程培训，华南师范大学“三校区四校园”的每个学院都独立开展班级心理委员 MOOC 培训。MOOC 培训合格并且实践学时达到标准的学生可获得班级心理委员非正式课程学分，共有 395 名班级心理委员获得非正式课程学分。

班级心理委员在学校心理咨询研究中心的培养下，成为学校危机干预工作体系中不可或缺的一部分，在“5・25”心理健康月以及心理演讲比赛、心理漫画大赛、心理剧评比中都有他们的身影。

2023 年，班级心理委员的工作重心是重视宿舍心理保健，积极关注每位同学的心理健康。

17. 湖北城市建设职业技术学院心理委员工作展示

张文婷　　辛永娜

2022 年 9 月至 2023 年 5 月，湖北城市建设职业技术学院举办了两期心理委员成长训练营活动，组织 2021 级和 2022 级 350 名心理委员开展 MOOC 培训、心理素质拓展，171 人获得 MOOC 培训合格证书。2022 年 10 月，学校开展优秀心理委员暨全国百佳心理委员推选活动，评选出 24 名学校优秀心理委员，组织优秀心理委员参加心理疗法 MOOC 培训。2022 年 11 月，学校面向全校心理委员开展“健心讲坛之心理委员的胜任特征与技能训练”和“心理情景剧的技术展示与剧目编创”专题讲座（詹启生主讲），近 800 人参加。2023 年 4 月至 5 月，学校举办第三届“心灵相约 聚力同行”心理健康主题班会设计大赛、第四届心理剧大赛，开展“主题心理班会的策划与组织”专题讲座（余金聪主讲），近

130 人参加；组织心理委员参加湖北省阳光心理大讲堂“人际交往与网络成瘾”和“情绪管理与心理健康——我的情绪我做主”两场讲座，共 440 人参加。

建筑设计学院 2021 级学生李阳在第十七届全国高校心理委员工作研讨会暨朋辈辅导论坛上荣获第五届“全国百佳心理委员”称号。学校心理剧作品荣获“爱我中华 爱我心理”首届武汉青年心理情景剧展演组织奖。

18. 莆田学院心理委员工作展示

徐维玮

2021 年起，莆田学院千余名大学生参加高校心理委员工作平台组织的心理委员线上培训。截至 2023 年上半年，全校共有 124 名学生取得心理疗法 MOOC 培训合格证书，419 名学生取得心理委员 MOOC 培训合格证书。2022 年 3 月，校园心理倾听平台正式开通，取得以上证书的学生可在该平台为在校大学生提供心理倾听服务。莆田学院开展沉浸式心理体验辅导，以线上教学的模式，教授近 400 名朋辈心理志愿者和班级心理保健员专业的心理疏导技能；以团体心理辅导的方式带领校、院两级朋辈心理志愿者和班级心理保健员、宿舍心理信息员共 1 600 余人开展心理辅导知识与技能培训，为今后各学院开展心理健康活动打下坚实基础。

19. 东北林业大学心理委员工作展示

钱淑红　　王婉琳

2022 年 9 月至 2023 年 6 月，学校在秋季学期以心理委员线上心理知识小讲堂的形式开展知识普及，就积极心理、职业规划、压力应对、目标建立、人际交往、情绪调节、学习心理调适等七大主题提出开学加油攻略；就焦虑情绪、非暴力沟通、提升自控力、发现性格优势等四大主题提出开学谈心小建议。学校在春季学期，开设朋辈心理辅导课程，有 600 余名学生参与。2023 年 3 月，学校开展第七届十佳朋辈辅导员评选大赛，从 16 个学院中评选出 10 位“十佳朋辈辅导员”。通过心理委员的宣传和组织，学校分别在 2022 年 3 月 25 日、5 月 25 日、9 月 21 日、12 月 5 日开展了 4 次大型活动，并举办心理战“疫”口罩 DIY 大赛、解压手势舞大赛、第十二届和第十三届心理情景剧大赛、首届心理微电影大赛。心理微电影作品入选全国高校“百佳心理微电影”。此外，学校还面向心理委员开展专题讲座，如大学生心理危机识别与干预、朋辈情绪管理技巧、朋辈咨询技能、倾听能力等专题讲座。

20. 华东师范大学心理委员工作展示

吴　冉　　黄馨卉　　叶子宁

2022 年 9 月，为提升心理委员的工作素养与能力，学校心理健康与咨询中心举办 2022 年度班级心理委员技能大赛校内赛，并选拔一名优秀心理委员参加市级心理委员技能大赛决赛。在此次大赛上，该心理委员荣获三等奖，学校荣获优秀组织奖。

2022 年 11 月，学校心理健康与咨询中心面向各院系招募 200 余名心理委员骨干，开启为期一年的“阳光伙伴”朋辈心理辅导训练营。第一学期围绕心理委员角色与职责、大学生常见心理困扰等主题进行基础知识培训；第二学期针对朋辈心理会谈技巧、心理危机的识别与应对等主题开展小组强化学习和实践，并为心理委员提供到当地精神卫生中心交流学习等机会。

2022 年 12 月，学校组织心理委员骨干参加第十七届全国高校心理委员工作研讨会暨朋辈心理辅导论坛。一名心理委员荣获第五届“全国百佳心理委员”称号，两名心理委员获第五届“全国百佳心理委员提名奖”。2022 年 12 月，学校被评为全国高校心理委员工作示范单位。

2023 年 5 月，第七届“阳光伙伴”朋辈心理辅导训练营结业典礼暨团队心理素质拓展活动顺利召开，学校对优秀心理委员进行表彰，并鼓励心理委员继续在班级中开展朋辈心理健康教育等工作。同时学校通过“朋辈心理谈话室”为心理委员骨干和结业心理委员提供朋辈心理辅导实践机会。

21. 东华理工大学心理委员工作展示

徐俊莎

东华理工大学高度重视心理健康教育工作和心理委员队伍建设。2022 年

11 月，学校针对 2022 级心理委员开展了岗前培训。培训内容主要分为：理论培训（线上心理专业知识培训）、技能培训（心理素质拓展技能实践培训）、自主学习（高校心理委员工作平台相关培训）等。学校在南昌校区与抚州校区分别培训了本科生心理委员 280 名与 59 名，整个学年共培训本科生心理委员 339 名。

2022 年 11 月至 12 月，学校组织开展了三场线上心理委员心理专业知识培训讲座，即 11 月 22 日“生命教育与大学生心理危机干预”主题讲座、11 月 24 日“学生心理问题识别与干预”主题讲座、11 月 30 日“心理委员的工作与职责”主题讲座，并要求心理委员在听完讲座后撰写心得体会和个人成长分析报告，学校根据考勤情况以及心得体会提交情况进行考核。同时，学校组织心理委员参加全国高校心理委员 MOOC 培训，还组织心理委员参加了 10 余场心理素质拓展技能实践培训，让其用所学技能服务班级，并提交“班级心理活动日”素拓活动策划书和新闻稿。

22. 海口经济学院心理委员工作展示

张东明

2023 年 5 月 10 日至 31 日，学校举办“2022 级学生心理骨干专题培训班”，组织心理委员参加高校心理委员工作平台的心理委员 MOOC 培训，包括朋辈互助的一般理论和操作技能，共 14 个专题。参加培训的班级心理互助小组成员有 638 名，其中心理委员 195 人。另外，学校还培训了寝室心理联络员 1 442 名。学校中广天择传媒学院的吴俊杰同学荣获第五届“全国百佳心理委员”称号，德行智华会计学院的郭奕汝同学在毫末高校心理委员工作平台和四川大学心理健康教育中心举办的“5・25”全国高校大学生心理健康节“最美笑脸”展示活动中入围全国 20 强。

23. 石河子大学心理委员工作展示

沙丽曼　　高　睿

2023 年 2 月，心理健康教育中心顺利召开春季学期全校朋辈工作者交流会，共计 2 971 人参加。

2023年3月25日,为发挥学校朋辈团队的作用,全体朋辈工作者佩戴徽章统一亮相,继续织密1:8预防大于干预"安全网"。经过12版设计,最终确定选用小章鱼徽章。小章鱼的敏感机警象征着全校朋辈工作者的机智敏捷,徽章"触角"上的5个C分别代表勇气(Courage)、能力(Competence)、合作(Cooperation)、奉献(Commitment)、创造(Creation)。

2023年3月,各学院心理委员负责人组织新生心理委员参加培训,培训内容为"2684工作法则",共计487人参加。

2023年4月,邀请姚斌老师面向全校朋辈工作者开展题为"大学生常见心理问题的识别与帮助对策"的专题讲座,共3 162人参加。

2023年5月至6月,邀请第五届"全国百佳心理委员"和"全国百佳心理委员提名奖"获得者,以及校级"十佳心理委员",面向全校朋辈工作者进行朋辈工作经验分享交流。

2023年5月,心理健康教育中心组织各学院心理委员负责人拍摄"学院朋辈工作风采展示"微视频,共收到16个学院的作品。

2023年5月,评选"优秀满天星使者",共报名148人,最终评选出118人。

2023年6月,评选优秀心理委员负责人,共18人报名。

2023年6月,筹备面向全校朋辈工作者开设的心理技能支持训练选修课。课程共计32课时,2学分。

24. 重庆三峡学院心理委员工作展示

代小菊　　罗书晗

多年以来,重庆三峡学院坚持在每个班级设立2名心理委员,原则上男女各1名。2020年以来,为持续推动心理委员培训模式创新,学校采取"线上+线下"相结合的培训模式,将高校心理委员MOOC作为心理委员培训的重要组成部分,截至目前已有1 000余名心理委员获得心理委员MOOC培训合格证书。线下培训即在校内定期组织培训,围绕专题讲座、团体心理辅导技能体验、心理主题班会方案设计等内容开展。学校健全心理委员工作体制和机制,推进心理委员工作体系化、标准化,逐步形成了"竞选—培训—聘任—实践—评优"五位一体培养模式。2022年6月,学校举办了首届最美倾听者"十佳心理委员"风采大赛，通过以赛促学、以评促建，树榜样、立典型，促进心理委员自我成长。2022年9月，在大一新生入学之际，学校组织心理委员等朋辈心理干部根据《新生入学适应团体心理辅导方案》，带领大一新生开展新生适应团体心理辅导，既使朋辈心理干部在实践中提升了团体心理辅导技能，又有效实现了大一新生团体心理辅导全覆盖。2022年12月，张文同学当选第五届"全国百佳心理委员"，牟红同学获第五届"全国百佳心理委员提名奖"。2023年，学校积极筹备编制《心理委员工作手册》，为心理委员开展工作提供指南。

25. 中国农业大学心理委员工作展示

周　蜜　　刘建一

中国农业大学心理委员队伍共分为四级，分别是心理协会成员（一级）、学院心理部成员（二级）、班级心理委员（三级）、宿舍长（四级）。学校每年开展初、中、高三级专业培训，包含岗位职责、角色定位、危机排查、危机预防干预、团体辅导技能、个体咨询技能等内容。

2022年1月至12月，全体班级心理委员每月参加1~2次危机排查会，将自己观察到及宿舍长报告的可能存在心理健康隐患的学生信息上报至心理素质教育中心。

2022年3月至11月，针对四级心理委员开展了心理委员初、中、高三级培训，477名同学通过初级培训考核，128名同学通过中级培训考核，25名同学通过高级培训考核并获得"朋辈心理咨询员"称号。

2022年4月至5月，开展校级心理委员评选活动，28名学生荣获"校级优秀心理委员"称号，其中10名同学同时荣获"心灵使者"称号。

2022年4月至6月、10月至12月，举办"5·25"心理健康节、"10·25"心理素质教育文化节，各级心理委员组织开展了30余项大型心理活动，吸引了过万名同学参与，部分优秀作品被推送到北京市参加评选。最终，学校荣获2023年首都大学生心理健康季"最佳组织奖"，并获得各比赛单项奖13项。

2022年9月至11月，面向2022级新生开展新生班级团体心理辅导活动，35名心理委员担任带领者，共计开展121场活动。

26. 江苏卫生健康职业学院心理委员工作展示

薛艳玲

心理委员是学校心理健康教育四级预警网络中的第三级，向上承接学校心理健康教育工作，向下组织心理活动、传播“心”能量，起着承上启下的作用。

（1）持续开展培训，全面提升技能。

学校心理中心联合二级学院，全年持续开展多场次主题培训，旨在提高心理委员朋辈的自助助人技能，增强他们的心理危机识别能力。2022 年 10 月，学校开展 2022 级新生心理委员培训，就大学生常见心理问题的识别与处理、危机识别与预防等进行讲解，评选出 26 名优秀心理委员并对其进行表彰；共有 390 名心理委员参加高校心理委员工作平台 MOOC 培训并取得合格证书；二级学院分别开展了“心理委员工作能力提升”“用心陪伴，携手同行”“营造良好环境，共筑心理健康”“朋辈辅导谈话沟通技巧”和“如何构建和谐的宿舍关系”心理委员专题培训。

（2）创新活动形式，培育专业素养。

开展活动对增强心理委员服务意识、提升助人能力，扩大心理健康教育影响力，营造积极向上的校园氛围具有重要的作用。在“5·25”心理健康节等多个时间节点，各班心理委员积极组织多场心理健康主题班会；二级学院举办“‘疫’路同行，心灵绽放”心理委员分享会、“舒缓压力，放飞心灵”心理委员团辅活动、“暖心促成长，携手向未来”主题班会评选活动、“重塑心秩序，青春再启航”心理健康教育讲座、“观影润心，健康同行”电影鉴赏活动和心理委员交流会等。2023 年 5 月，学校 2020 级中护 1 班的王婉卿同学被仙林大学城心理基地评为“优秀心理委员”。

27. 西北工业大学心理委员工作展示

周晨琛　刘　欣

2022 年 3 月至 5 月，学校针对学生在学习和生活中遇到的不同问题，适时面向心理委员组织专题心理健康教育知识培训，包括“让心的距离更近”和“疫情防控背景下的个人发展”等主题；同时组织 2021 级心理委员进行心理咨询体验，以使他们保持良好的心理健康状态，加深其对心理咨询的理解，并进一步提升工作技能。

2022 年 6 月至 7 月，学校开展 2022 年西北工业大学心理健康教育朋辈评优工作，评选出“十佳心理委员”和“朋辈心理互助先进个人”。

2022 年 9 月至 11 月，学校进行 2022 级心理委员遴选。2021 级本科生心理委员黄佳祺参与拍摄的手语操作品《逆光》，荣获“第七届陕西省高校百家心理慕课——治愈系心理慕课奖”一等奖。2020 级本科生心理委员田砚秋荣获第五届“全国百佳心理委员”称号，2019 级本科生心理委员杨裕琪获“全国百佳心理委员提名奖”。各级心理委员及其他朋辈心理互助团体志愿者，带领新生进行班级团建活动达 200 余场，有效提升了各个班级的凝聚力。

2022 年 10 月至 12 月，学校被评为全国高校心理委员工作示范单位；面向 2022 级心理委员组织三场专题培训，涵盖优秀心理委员经验分享、心理委员职责概述、心理问题的识别与处理等内容；组织心理委员完成高校心理委员工作平台 MOOC 培训。

28. 中国矿业大学心理委员工作展示

侯德伟

（1）实施年度轮训全覆盖，提高心理委员专业知识技能。

2022 年 9 月，学校启动新学年心理委员选拔与配备工作，共遴选新任心理委员 576 人（其中研究生 157 人）。2022 年 10 月至 11 月，心理健康教育中心面向新上任的心理委员开展心理委员工作职责与素养、大学生心理危机识别、主题班会设计、会谈技术等专题的初阶培训 8 场次；同时，面向高年级心理委员（含研究生）开展中阶培训 4 场次。通过年度轮训，不断提高心理委员的知识技能和岗位胜任力。

（2）打造专属活动平台，增强心理委员岗位认同感。

在每年春、秋两个开学季，心理委员积极组织广大学生参加学校“和谐校园阳光心灵”主题教育。其中，2022 年 9 月至 10 月，举办第十五届“爱在身边 温馨家园”主题班会；11 月至 12 月，组织开展第七届“心灵使者”风采大赛。

（3）健全工作机制，发挥心理委员工作效能。

学校明确校院协同管理机制，促进心理委员队伍发挥作用；落实危机信息周报制度，开展常态化朋辈互助帮扶工作；通过优秀心理委员评选、“心灵使者”风采大赛展示等活动，不断强化心理委员的业务技能。2022 年，1 人荣获第五届“全国百佳心理委员”称号，2 人荣获“全国百佳心理委员提名奖”；1 人荣获江苏省高校心理服务体系建设“优秀心理委员”称号；2 人被评为苏北地区“阳光之星”心理委员。

29. 北京理工大学心理委员工作展示

冯愉涵

2022 年度，学校对 154 名大一新生心理委员开展心理委员职责与工作技能、常见心理问题的识别、心理危机的识别与干预等主题培训。研究生心理委员采用党支部或研究室设立的方式，“横纵结合”以达到全覆盖。学校每年都会重新选拔研究生心理委员，2022 年针对 458 名研究生心理委员开展研究生常见心理问题识别与干预培训（两校区共举行 5 场）。

日常管理事务由校级心理委员学生骨干组织“微笑海豚训练营”负责。在培训方面，他们组织本科新生心理委员对宿舍长进行培训，共培训了 690 余名本科新生宿舍长，内容包含宿舍长职责、常见心理问题识别与干预、良好宿舍氛围维护等。日常他们也会通过心理咨询中心官方微信公众号“爱理心”、朋辈信箱、书院心理委员小群、朋辈小组等形式进行心理自助和助人教育的宣传，通过多种形式协助心理委员开展相关工作。

在活动方面，学校在秋季学期开展“14 天打卡”活动，组织全校心理委员带动班级同学通过自我管理和互相监督的方式养成良好的生活习惯。春季学期的特色活动之一是 3 月 25 日在良乡校区开展的“国际幸福日”外场活动，通过拥抱和记录幸福瞬间的方式营造温馨的校园氛围。

北京理工大学始终有这样一支认真负责、专业可靠的心理委员朋辈互助队伍，守护着校园里的每一位同学。

30. 山东农业大学心理委员工作展示

王红菊　　吴彩云

2022 年 10 月，新生入学后，从全校 19 个学院中共选拔出 2022 级新生班级心理委员 630 余名（每个班级设男女各 1 名心理委员）。

2022 年 11 月至 12 月，举办“守护心理健康，携手互助成长”2022 级心理委员初级培训，内容分为三期：“大学生心理健康与常见心理危机排查常识”（赵银主讲）、“心理委员的工作职责与基本技能”（尹红霞主讲）、“心理委员的谈心谈话技巧”（杜鹤主讲）。

2023 年 3 月至 4 月，举办第三届大学生心理情景剧比赛。各学院心理委员带领班级组队参赛，经过学院层层选拔，最终 6 支学院代表队进入决赛，公共管理学院代表队的《以“帽”取人》荣获此次比赛的第一名，并代表学校参加了第六届全国高校心理情景剧优秀剧目展演，被评为“百佳剧目”。

2023 年 5 月至 6 月，开展 2022 级心理委员中级培训，内容分为三期：“人际沟通与宿舍关系应对”（赵银和吴彩云主讲）、“情绪管理与压力应对”（尹红霞和王越主讲）、“心理委员积极心理品质的培养”（王红菊和魏亚慧主讲）。

2023 年 5 月 23 日至 25 日，举办“遇见你，愈见我”2023 年大学生心理健康节大型主题活动。全校心理委员现场参加园艺疗法体验等特色活动 20 余项。

2023 年 5 月 26 日，举办第五届大学生朋辈心理辅导技能大赛。

2023 年 6 月 6 日，举办第三届心理委员技能大赛。

31. 西安培华学院心理委员工作展示

吕改莲

2022 年 10 月至 12 月，开展心理委员专题培训，由校学生潜能发展中心和二级学院潜能发展辅导站具备心理咨询资质的教师主讲。为保证培训效果，培训采用集中备课和小规模（每班 50 人）授课的方式分批进行，共开展 20 场次，参与人数 1 100 余人。内容包括“大学生心理健康与心理委员的职责”“做心灵的守护者”“心理问题的评估”“朋辈心理咨询原则与技术”等。

2022 年 6 月、10 月，分别邀请校外专家以“心理危机的识别和干预”为主题开展心理委员培训专题讲座 2 场。

2022 年 10 月至 11 月，开展心理委员成长工作坊 3 场，参与人数 60 余人次，带领人为吕改莲。

2022 年 11 月，学校传媒学院戏剧影视文学专业心理委员张忠良荣获第五届“全国百佳心理委员”称号，传媒学院网络与新媒体专业心理委员焦永心获第五届“全国百佳心理委员提名奖”。

2022 年 9 月，组织开展年度校级先进心理委员评选活动，通过个人申报、网络投票、现场答辩、专家领导评审等环节，共评出“十佳心理委员”10 名。

2022 年 9 月至 12 月，为进一步提升心理委员、朋辈辅导员的心理咨询技巧，主要面向心理委员开设朋辈心理成长与辅导选修课（吕改莲主讲）。该选修课共 12 次课，24 学时，受到了心理委员的一致好评。

32. 广州商学院心理委员工作展示

张秋艳

2022 年 9 月至 2023 年 6 月，心理健康教育与咨询中心积极推进心理委员队伍建设：一是采用线上 MOOC 培训和线下讲座、团体辅导相结合的方式，为心理委员提供多样化、多层次的培训；二是通过“5·25”心理健康月系列活动，提高心理委员的工作能力。

线上依托高校心理委员工作平台，面向全校心理委员开展 MOOC 培训，包含 14 个专题，内容涵盖心理健康的标准、常见心理问题的症状及识别、心理委员的会谈技巧、情绪与压力等具体问题的应对，要求心理委员完成培训并获得合格证书。线下针对 175 名新生心理委员开展讲座与团体辅导活动，内容包括心理委员的角色定位与工作职责、危机识别与干预、个人成长规划等。学院各二级辅导站结合学校“五心合一”工作特色与学院特点，分别开展了心理委员的培训工作，如国际学院开展“环境适应中的人际沟通”主题讲座，有效提高了心理委员的心理素养。

33. 江苏师范大学心理委员工作展示

石 岭　　赵晓旭　　李文婕

心理委员队伍建设和发展工作是江苏师范大学聚焦"两长一员"(班长、舍长、心理委员)教育管理骨干队伍建设的重中之重。学校坚持心理健康"煦风模式",充分发掘、培养、选树优秀心理委员。2022 年 10 月至 2023 年 7 月,学校和学院协同助力提升心理委员的胜任力。以学校为主,校心理健康教育中心开展心理委员和宿舍心理气象员"金种子计划",将线上 MOOC 培训和线下技能训练相结合。

提升理论素养。学校开展心理危机识别与应对、朋辈心理辅导技巧、班级心理活动的组织与实施等专题培训。

增强实践能力。学校组织心理委员参加心理团体活动、素质拓展活动和经验交流会等。

树立榜样典型。学校举办优秀心理委员、优秀心理主题班评选活动,并通过各单位网络媒体、经验交流会、心理健康教育周等传播先进经验。

强化校际合力。学校通过举办苏北地区心理委员工作研讨会、与南京大学联合主办"敏锐觉察、温柔支持"心理危机培训等方式拓宽心理委员队伍培养路径。

此外,心理辅导员和心理信息站以团辅活动、"心园百花绽放"心理健康特色活动、自助与助人技能培训、心理月报工作为抓手,多维度强化学院与班级之间的协同联动。

34. 黑龙江科技大学心理委员工作展示

杨风娟

2022 年 3 月至 5 月,学校以"3·25 善爱我"和"5·25 我爱我"心理健康宣传月活动为契机,采取分层培训的方式举办心理委员专题培训 40 余场,培训 1 000 余人次;陆续举办了心理健康知识宣传板设计大赛、第二届"快乐动起来"主题室外素质拓展活动和第二届"聚心凝爱,向阳逐梦"校园心理情景剧大赛,共有

26部作品进入各大赛的决赛;组织全校700余班级分别开展“致敬生命、‘疫’路有你”线上线下心理健康主题班会,其中由心理健康辅导中心主办、大学生心理委员联合会承办的心理健康辅导中心开放日活动吸引了100余名学生参与。

2022年秋季,学校完成了大学生心理委员联合会换届,推选出1名主席、4名副主席及若干名部长。新生入学后,学校组织新生班级心理委员和寝室联络员参加线上线下心理健康知识及技能培训，249名心理委员参加全国高校心理委员MOOC培训,均通过考核并取得资格证书。学校16个学院分别针对2022级所有班级开展了新生适应团体心理辅导活动。

2022年11月,学校组织开展第三届十佳心理委员、最美心灵使者、心理安全信息员评比活动。其中，54人获得“十佳心理委员”称号、38人获得“最美心灵使者”称号、38人获得“优秀心理安全信息员”称号。

35.衢州职业技术学院心理委员工作展示

华　盛　　董佳妮

2022年3月3日,举办全体心理委员学期动员大会,布置学期工作。

2022年4月至6月,以定向公选课形式组织朋辈辅导进阶培训,通过考核的23人被聘为学校朋辈辅导员。

2022年4月至5月,开展第十一届“5·25”心理健康月活动,组织心理委员参加心理主题班会竞赛、心理情景剧比赛、心理微电影比赛。

2022年5月20日至6月10日,开展心理委员技能大赛。

2022年9月6日至21日,在心理教师的指导以及朋辈辅导员的带领、班级心理委员的配合下,开展2022级班级新生适应团辅活动。

2022年9月,出台《星级心理委员考核细则》,从心理委员每学年参加培训情况、心理活动组织策划能力和谈心谈话能力等几个方面,将心理委员分为三星心理委员、四星心理委员和五星心理委员三个等级,并颁发相应的证书。

2022年10月至12月,开展2022级班级心理委员专题培训工作。

2022年10月14日至25日,开展校十佳心理委员评选工作。

2022年12月,参加第十七届全国高校心理委员工作研讨会,心理委员毛亚心荣获第五届“全国百佳心理委员”称号。

2022 年 12 月 20 日，举办心理委员期末总结会。

36. 北京大学心理委员工作展示

刘　卉

2021 年 4 月，北京大学整合原有朋辈力量，以助人助己为宗旨，按照 1∶300 的比例，在全校各院系设置学生心理委员岗位。学生心理健康教育与咨询中心负责学生心理委员的培养与管理工作。学生心理委员在为学生提供朋辈心理支持的同时，协助学生心理健康教育与咨询中心、院系学工部、驻楼辅导员等开展全校学生心理健康教育工作。

在心理专业技能培养方面，348 名（三届）学生心理委员在知名专家、精神科医师、专职咨询师的指导下接受了系统的心理技能培训，在开始工作前具备了助人助己的基本素养。在技能实践方面，推出心灵驿站、心海计划系列实践品牌项目，并在北京、四川等地的中学开展了一系列心理科普和心理育人社会实践活动。在推动学校心理健康教育工作方面，创新"心"科普和"心"教育方式，协助学生心理健康教育与咨询中心拍摄心理科普系列短视频，撰写推广"P 大模拟器"心理沉浸剧本，设计发放心理防疫小贴士，推出"生活中的微感动""21 天习惯养成打卡"等活动。此外，学校还与其他 8 所学校联合举办首届"心理健康校园行"活动，连续三年组织北京大学"5・25"大学生心理健康节心理主题夜奔、"云赏燕园"线上心理文化节、草坪心理体验嘉年华等系列学生心理健康教育活动，受到了师生的一致好评。

37. 浙江建设职业技术学院心理委员工作展示

袁庆华　　孙杭媛　　丁淑慧

浙江建设职业技术学院心理委员工作一直秉承"自助助人"的理念，制定了《心理互助员工作章程》等 4 项管理制度，每班设立 2 名心理委员。

2022 年 12 月，组织 1 059 名 2022 级新生班级心理委员和寝室心理联络员接受心理委员 MOOC 培训。

2022 年 1 月至 12 月，心理健康教育指导中心和各二级学院心理辅导站分专题不定期对全校大一、大二年级的 395 名心理委员和 2 061 名寝室心理联络员开展了 52 场心理培训，共计 6 204 人次参加。

2022 年 1 月至 12 月，对全校心理委员工作进行考核，评选表彰优秀心理委员 28 名、“阳光之星”38 名。

2022 年 12 月，潘璐静同学、汪凡同学分别荣获第五届“全国百佳心理委员”称号和第五届“全国百佳心理委员提名奖”。

2022 年 1 月至 12 月，心理委员参与组织校内心理活动共 112 项。

38. 济南工程职业技术学院心理委员工作展示

张　潇　　冷　眉　　朱文朋

2022 年 7 月 22 日，由中国心理学会心理危机干预工作委员会和全国高校心理委员研究协作组主办，济南工程职业技术学院和高校心理委员工作平台承办的第五届全国高校心理情景剧大赛决赛在济南开幕。本次大赛以“聚心凝爱向阳逐梦”为主题，全国 280 余所高校的 287 个参赛剧目参加初赛，有 26 个剧目参加本次大赛的现场展演。

济南市教育局和章丘区相关领导，学校班子成员、大赛领导小组全体成员、评委专家、参赛同学、指导老师等参加第五届全国高校心理情景剧大赛决赛开幕式。

大赛评出“十佳剧目”，优秀剧目，最佳男、女主角，最佳男、女配角等奖项。济南工程职业技术学院力压众多高校，荣获“十佳剧目”“最佳男主角奖”和“最佳组织奖”。

学校心理委员刘一诺荣获第五届“全国百佳心理委员”称号，心理委员张科荣获“全国百佳心理委员提名奖”；心理委员刘文文被评为山东省高等学校优秀学生干部；心理委员薄燕荣获“中国大学生自强之星”称号。

截至 2022 年 12 月，全校共 1 109 名心理委员和其他心理骨干完成高校心理委员 MOOC 培训并取得合格证书。为保证基础性心理知识培训在全校范围内覆盖，学校全年开展校级心理委员大讲堂 10 期，约 5 000 人次参加培训。

39. 南京信息职业技术学院心理委员工作展示

孙元元

2022 年，南京信息职业技术学院持续深入推进学生心理健康教育工作，全面落实思想政治教育与心理健康教育的双效融合，举办“向阳花四季”品牌心理文化活动，如“3·20”阳光心理广场活动暨手语操比赛（春）、“5·25”阳光心理广场咨询活动暨心理博览会（夏）、以“感恩生命 感谢有你”为主题的新生心理班会大赛（秋）及暖冬助学心理文化活动（冬），同时打造精品系列活动，如每月一期的“传承红色经典 弘扬家国情怀”心理读书会及“健康心理 家国情怀”爱国主义心理主题教育等，深受学生们喜爱。2022 年下半年，学校邀请心理专家为心理委员开展了 10 场心理专题讲座。

在开展校园心理文化活动的同时，学校积极组织学生参加校际心理文化交流活动和赛事。2022 年，由心理委员干部拍摄的心理情景剧《新·生》荣获江苏省高校大学生心理情景剧大赛三等奖，心理情景剧《成长日记》荣获江苏省南京市仙林大学城校园心理情景剧决赛二等奖、“最佳女演员奖”、“最佳指导老师奖”。2022 年，学校被评为全国高校心理委员工作示范单位，心理委员柳敬云荣获第五届“全国百佳心理委员”称号，心理委员毛威翔荣获“江苏省大学生心理健康教育工作优秀心理委员”称号。

40. 福建中医药大学心理委员工作展示

丁闽江

2022 年 6 月至 2023 年 6 月，福建中医药大学心理委员工作精彩纷呈。2022 年 10 月，学校开展朋辈及心理委员心理辅导技能、心理健康素养提升系列培训；2022 年 11 月，新一批朋辈心理咨询员选拔顺利结束；2022 年 11 月至 12 月，全体朋辈及心理委员积极参与了一系列新生心理健康教育活动，各学院朋辈走进新生班级开展心理健康知识普及活动；2023 年 4 月至 6 月在朋辈及班级心理委员的带领下，心理中心举办了以“阳光心态 你我共筑”为主题的“5·25”心理健康教育月系列活动，各级朋辈积极参与大型心理素质拓展、心理健康游园会、青春舞会、一起运动打卡、植物领养、心理演说大赛等特色活动,并担任活动主持、教练、助手、活动策划、活动引导员等不同角色,多名优秀朋辈还受邀给其他高校的心理委员经验分享;2022—2023年朋辈参与制作心理中心播出的4期《视说心理》小视频节目、35期《朋辈心语》节目和35期《我把好书说给你》节目。二级心理辅导站朋辈、心理委员、宿舍心理信息员参与推进心理育人工作。

41. 南京农业大学心理委员工作展示

徐　文

2022年3月至5月,面向全校心理委员开展主题培训,以《南京农业大学心理委员工作手册》为主要培训资料,并举办了每年例行的以"心理班会的策划与开展"为主题的心理委员培训。

2022年4月至5月,由心理健康教育中心牵头,以心理委员为主体,举办心理班会大赛、心理情景剧大赛等。比赛覆盖所有学院,参与学生众多,校内影响力较大,取得了良好的效果。

2022年4月至6月,通过心理委员的宣传和组织,开展"3・20"心理健康周和"5・25"心理健康月活动。活动覆盖全校20个学院,由心理健康教育中心牵头组织,一院一特色,共计开展主题活动26场次。

2022年9月至12月,招募新生班级心理委员,每个班级两名,共220人,并分场次对新生心理委员开展初次培训。

42. 天津交通职业学院心理委员工作展示

周爱静

2022年9月至2023年5月,天津交通职业学院举办心理委员风采季、青年志愿者服务、手语歌曲大赛、心理主题班会、心理微视频比赛、心理情景剧等心理活动,共287名心理委员参加;1名学生荣获"天津市优秀心理委员"称号,1名心理老师荣获"天津市最美护心志愿者"称号;组织心理委员参加天津市大学生心理健康运动会和悦心"5・25"高校特色心理体验项目嘉年华活动。在嘉年华活动中,学校开展的永生花心理创意沙龙和石膏娃娃创意沙龙,得到了广大同学的好评。多姿多彩的活动让学生的内心充满阳光和正能量。

43. 黑龙江公安警官职业学院心理委员工作展示

辛世敏

为全面加强和改进公安院校学生心理健康教育工作，提升全体学生心理素质，培育新时代公安情怀，黑龙江公安警官职业学院心理委员会开展了一系列心理文化活动。

2022 年 9 月，学校心理委员会面向 2022 级新生开展纳新活动，招入 15 名新成员，为学校心理委员会注入新鲜血液。

2022 年 10 月，学校心理委员会面向 2021 级、2022 级部分学生开展了心理开放日活动，引导学生正确面对各种困难，并主动探求解决途径，健康成长。

2022 年 11 月，学校心理委员会面向 2021 级、2022 级学生开展了优秀毕业生访谈。奋斗在一线的优秀毕业生以线上访谈的形式与学生交流从警心得，分享从警经验，使学生深受感触。

2023 年 3 月，学校心理委员会组织 2021 级、2022 级学生观看了龙江高校思政大讲堂“开学第一课”心理健康教育网络思政大课。

2023 年 4 月，学校心理委员会与哈尔滨师范大学心理协会开展了联谊活动，使两校建立了友好关系，加强了两校学生之间的交流互动。

2023 年 5 月，学校心理委员会面向全校开展了“5 · 25 心理健康月”系列活动，活动包括心理短文竞赛、心理知识竞答、心灵寄语、制作书签等。

44. 吉林水利电力职业学院心理委员工作展示

高书雅　　吴宛桥

2022 年 3 月，学校开展第二届朋辈心理委员培训工作，心理委员在培训中明确了自身职责，掌握了如何发现问题及如何应对特殊心理危机等的方法，推动了心理教育的纵深发展，形成了“自助—助人—互助”的机制。

2022 年 4 月至 5 月，学校组建“疫情朋辈心理公益互助群”，学生在群里倾诉互助，充分发挥朋辈心理辅导的作用；开展了线上心理健康节系列活动，活动由朋辈心理委员组织，既可帮助学生充分了解自我，又可发挥朋辈心理辅导的积极作用。

2022 年 6 月至 7 月，学校“倾心使者”心理学会朋辈心理委员开展了线上团体辅导活动。活动内容均为疫情防控背景下学生可能出现的共性问题，包括“疫情中我最遗憾的事”“疫情中我的收获”“疫情中我失去的”等话题。此次活动在学生中产生了热烈反响，参与团体辅导的学生表示在活动中感受到了力量。

2022 年 9 月至 11 月，学校组织全体心理委员参加高校心理委员工作平台的心理委员 MOOC 培训，通过率达到 98%，持证率达到 95%。朋辈心理委员在学生中开展朋辈咨询工作，在能力范围内帮助学生解决一些心理困扰，充分发挥朋辈互助的功能。

2021 年 5 月至今，学校带领 100 余名朋辈心理委员走进玉谭小学，开展“大手拉小手，共建心理育人新篇章”活动，提升朋辈心理委员的自我价值感。

45. 惠州学院心理委员工作展示

张淇喆

2022 年 3 月 14 日至 25 日，学生向各二级学院按比例招募首批学生朋辈心理辅导员 30 人，并组织他们参加心理委员 MOOC 培训及由学校专职咨询师组织的线下系列培训，内容包含“朋辈心理辅导员的助人技巧”及“朋辈心理辅导实操与督导”等 5 个专题。最终，共计 24 名学生朋辈心理辅导员培训合格并取得上岗聘书。

2022 年 10 月至 11 月，24 名朋辈心理辅导员参与学校新生普测及访谈工作，共访谈 70 人次。

2022 年 11 月 18 日至 12 月 24 日，学校组织 2022 级班级心理委员参加由本校专兼职心理教师组织的“2022 年班级心理委员系列培训及考核”讲座，内容涵盖“班级心理委员的职能与技能”“常见心理疾病的识别与干预”“心理情景剧的创编与排演”“班级心理健康教育活动的组织与发展”等 6 个专题。同时，学校印发《惠州学院班级心理委员工作指南》，以供心理委员参考使用。

2022 年 12 月，心理委员叶志茂荣获第五届“全国百佳心理委员”称号。

46. 南阳理工学院心理委员工作展示

赵卫平　　莫华敏

2022 年，学校实施“133”心理健康提升工程，完善“科学、专业、实用”的 1 个心理健康管理系统；创新“心理情景剧、心理短视频、心理 FM”3 种心理健康宣传教育方式，主动占领网络新阵地；完善“心理委员三级培训平台、心理朋辈辅导员平台、心理活动平台”3 个学生自助助人互助平台。

2022 年春季，学校以疫情防控期间的“守心使者”为主题，开展了“疫情中的朋辈互助关系”“疫情下的宿舍关系与人际沟通”“焦点解决模式在心理委员工作中的应用实务”“心理情景剧在朋辈辅导中的应用”等中阶心理委员培训。2022 年秋季，学校通过线上直播开展了“心理委员工作职责和体系”“常见发展性心理问题的应对”“异常心理现象的识别”“心理委员的情绪管理”“主题心理班会的策划与组织”等 7 个专题的培训。

2022 年度，各学院心理部开展了“热爱生命，拥抱美好”手抄报、“青春献礼二十大，美韵巧手展风采”、“从心出发，砥砺前行”领养绿植、“从心出发，砥砺前行”手工折纸、“爱在心书揭秘时”心情便利贴、“打卡三件小事”、人格面具彩绘、“巧手趣涂鸦，约会漫时光”等 60 余项心理健康教育活动。

47. 北京林业大学心理委员工作展示

聂　宁　　郑思卉

2022—2023 年，北京林业大学在心理委员工作方面，着力完善心理委员培养系统，帮助心理委员提升专业能力、实现助人自助，充分发挥朋辈心理辅导工作在心理育人中的作用。

一是优化培训内容，提升工作胜任力。2022 年 10 月，北京林业大学组织 252 名心理委员参加系统理论培训。培训从班级心理委员角色定位与工作职责、如何开展心理健康普及教育工作及团体辅导、大学生心理危机识别等方面帮助心理委员了解心理健康资源，明晰心理委员工作内容，提升心理委员工作胜任力。学校邀请优秀心理委员进行经验分享，凸显榜样作用，提升心理委员工作积极性。

二是拓宽培养渠道，开拓思维视野。学校安排心理委员参加“5·25”心理健康节开幕式等活动，帮助心理委员了解学校心理健康教育体系，拓宽工作路径。2022 年，学校还组织心理委员参加线上心理委员 MOOC 培训，共 297 名心理委员完成培训并取得合格证书，其工作能力得到不断提升。

三是完善评优机制，总结优秀实践经验。2022 年全校评选年度优秀心理委员 80 名，形成优秀心理委员实践报告集，激励心理委员在日常工作中多创新、多思考、多实践，实现助人自助。2022 年，1 名同学获第五届“全国百佳心理委员”称号，1 名同学获第五届“全国百佳心理委员提名奖”。

48. 兰州理工大学心理委员工作展示

孔艳赟

秋季学期为新生朋辈心理引导员开展培训。2022 年 10 月 20 日至 23 日，学校组织 314 名新生心理委员和宿舍心理联络员代表参加朋辈心理引导员培训。兰州理工大学心理中心孔艳赟、崔孝艳老师，西北民族大学心理中心金荷香老师分别做了“大学生常见的心理问题及应对措施”“朋辈心理引导员的工作职责、内容和方法”“大学生心理危机及其应对”主题培训。学校为全校 16 个学院心理健康辅导站配备《心理委员工作蓝皮书》《心理委员倾听能力评估与训练》等书籍，供朋辈心理引导员自助学习使用。

春季学期组织心理委员和部分宿舍心理联络员参加高校心理委员工作平台线上的 MOOC 培训。2023 年 3 月至 4 月，全校近 300 名心理委员和宿舍心理联络员代表参加心理委员 MOOC 培训，并全部取得合格证书。此外，在每年“5·25”心理健康节和世界精神卫生日活动期间，学校还组织心理委员、宿舍心理联络员参加“育心讲堂”系列心理健康讲座。

49. 新疆财经大学心理委员工作展示

艾丽菲热·吾甫尔　　张银月

2022 年 4 月，学校针对 489 名在校心理委员共开展 14 次培训，培训主题包括“心理委员的工作职责”“大学生常见心理问题的识别”“危机干预”“情绪管理”和“压力管理”。

2022 年 5 月,学校完成第四届大学生朋辈心理辅导站换届工作,第四届大学生朋辈心理辅导站由 30 名高阶心理委员组成,所有成员参加全国高校心理委员培训并获得相关证书。

2022 年 6 月, 154 名班级心理委员组织开展以“放飞心灵,快乐自我”为主题的心理健康主题班会。

2022 年 7 月至 9 月,学校组织以“守护疫情新常态下的健康心灵”为主题的线上演讲比赛;组织“云间散客”朋辈互助活动,促进学生彼此陪伴,共同充实居家生活;组织全校班级心理委员开展“改变‘认真情绪’,从另一个角度应对疫情”的心理健康主题班会,引导学生掌握科学的情绪调节方法。

2022 年 10 月,学校面向全校心理委员开展以“携手共进,同心同行”为主题的心理委员见面交流会,共 13 场次。

2022 年 12 月,学校经过校内遴选,选派 2 名心理委员参加第十七届全国高校心理委员工作研讨会暨朋辈辅导论坛,王心怡荣获第五届“全国百佳心理委员”荣誉称号,邓奥荣获第五届“全国百佳心理委员提名奖”。学校推送的心理情景剧作品《石榴红了》在第五届全国高校心理情景剧优秀剧目展演中被评为“百佳剧目”。

50. 中国科学院大学心理委员工作展示

中国科学院大学心理中心

2022 年 4 月,成员来自中国科学院大学物理科学学院、中国科学院宁波材料技术与工程研究所等 7 个培养单位的心理健康工作团队积极参演中国科学院大学心理情景剧大赛。

2022 年 6 月,心理情景剧《典当》在第五届全国高校心理情景剧优秀剧目展演中被评为“百佳剧目”。

2022 年 4 月到 11 月,学校心理健康教育中心分别在中国科学院计算机网络信息中心、中国科学院大学本科部、中国科学院西北高原生物研究所等 13 个培养单位开展心理委员培训。培训内容包括心理辅导工作指南、情绪处理、内在空间的认知与扩展等知识。此次培训有助于心理委员更好地认识自己、帮助同学,提高工作的科学性和技巧性。

2022 年 9 月,学校心理健康教育中心开展心理委员年度备案工作,完成全校 105 个培养单位共计 2 019 名心理委员更替工作,发放《心理委员标准化教程》1 800 本。

2022 年 11 月起,学校心理健康教育中心从学生的实际需求出发,依托心理健康工作队伍胜任力提升项目,打造面向全体心理委员、全方面覆盖学校心理工作的课程,包括“心理委员的工作伦理”和“心理危机的识别与干预”等 8 个主题,共 16 学时,覆盖 15 667 人次。

2022 年 12 月,为规范学校心理委员的工作,推选优秀心理委员、国科大启明灯热线朋辈志愿者倪同学参加第十七届全国高校心理委员工作研讨会暨朋辈辅导论坛。倪同学荣获第五届“全国百佳心理委员”称号。

51. 重庆大学心理委员工作展示

王　群

2022 年 10 月至 2023 年 6 月,学校针对 2022 级本科生和研究生新任心理委员开展主题为“用我的光,点亮你的光”的系列培训。2022 年 10 月 21 日,在本次培训的启动仪式上,重庆大学为新任心理委员颁发聘书,并邀请心理委员先进个人在现场进行分享交流。此后,学校每月开展 1~2 次主题培训,确保月月有培训、天天有指导。

培训共分为三个模块,分别为基础知识、成长运用和互动体验。基础知识包括朋辈心理支持基础知识与技能,如心理委员工作职责、大学生常见心理困扰及调适、常见心理危机表现及应对、朋辈谈心谈话。成长运用包括学生积极心态培养,包括积极心理品质在学业学习、人际交往、亲密关系中的应用等。互动体验为积极心理品质培育体验性活动,包括心理素质拓展、朋辈团体建设、团体心理辅导等。

重庆大学建立校内讲师团队和校外讲师库。此次培训校外讲师包括南京大学费俊锋、苏州大学王尔东、福建中医药大学丁闽江、中南财经政法大学余金聪等。

2023 年 6 月,重庆大学开展第七届心理委员先进个人评选活动,其中共评选出十佳心理委员 10 名,优秀心理委员和爱心心理委员共 50 余名。

52. 浙江大学心理委员工作展示

胡春男　　李　娟

2022 年 9 月至 2023 年 6 月,浙江大学继续通过通识课“大学生朋辈心理辅导”培训本科生心理委员,使学生系统地学习朋辈心理辅导的理论知识,进行技能训练,体验主题团辅并进行朋辈团辅实践。研究生心理委员培训则通过专题进行,培训内容包括 4 学时理论培训和 2 学时朋辈团辅培训,共培训心理委员 615 人。同时各院系举办心理委员工作实务培训,带动心理委员进一步开展朋辈辅导工作。在线下课程培训的基础上,浙江大学于 2022 年 12 月上线了智慧树平台,进一步丰富了培训资源,开拓了培训途径。

浙江大学继续组织开展“朋辈心理辅导之星”评选工作,表彰先进,提升朋辈辅导者的助人积极性;开展朋辈心理辅导优秀案例的评选活动,总结和吸取优秀朋辈心理辅导经验,积极探索朋辈心理辅导工作的新模式。另外,浙江大学于 2023 年 5 月组织开展第十九届浙江省高校学生心理论坛。该论坛以“朋辈互助,心理赋能”为主题,促进各高校交流朋辈心理辅导工作的先进经验,并通过分论坛的形式开展了心理社团负责人研讨会、人际关系与压力管理团体辅导、光照暖心与反馈调节心理训练、表达性艺术心理训练、正念冥想心理训练、线上优势识别与人际联结团体辅导。

53. 焦作师范高等专科学校心理委员工作展示

薛庄林　　皇甫柏会　　杜　炜

学校高度重视心理委员工作, 2020 年推出心理委员队伍形象代言人“星辰”,打造“星星知我心”“自助—求助—互助”星辰朋辈品牌。目前,学校心理委员工作成熟规范,进入集培训、督导、推优、实践为一体的系统性发展状态。

学校注重星辰朋辈队伍建设,开展朋辈知识和技能培训 200 余场,安排督导培训 30 场, 312 名心理委员获得全国心理委员 MOOC 学习合格证书;制定先进个人评选办法等制度,完成4届“百佳心理委员”评选。2020年至今,“星星知我心”星辰朋辈品牌,开展主题心理班会400余场,线上团体沙龙260场,及时发现问题学生98人;开通“树洞回音”平台,回信350封;举办心理提升训练营、心理游园会等20余项体验式活动;发布星辰课堂30期;举办“你我绘心”“悦心亭·阅成长”等近百场工作坊。以上朋辈活动实现了学生全覆盖、全参与,全面助力学生心理素质提升。

学校心理委员工作成效明显,相关经验和做法被河南日报、豫教思语、大河网等媒体报道。学校先后被评为全国高校心理委员研究协作组理事单位和第三届全国高校心理委员工作示范单位。心理剧《重生》在全国高校心理情景剧优秀剧目展演中获三等奖,微电影《破晓》在首届全国高校心理微电影优秀作品展中被评为“百佳心理微电影”。学校朋辈工作被评为河南省高校思政工作优秀品牌、学生工作优秀成果。

54. 龙岩学院心理委员工作展示

罗灵娜　陈　睿　张佳妮

2022年9月至2023年6月,学校不断提升心理委员的业务素质和技能,充分发挥学生在心理育人中的主体性、能动性作用,引导心理委员掌握“求助—自助—助人”三阶技能。

2022年9月至10月,学校共对333名心理委员进行“校—院”两级分级培训:学校根据《朋辈心理辅导实用手册》对137名新上岗的朋辈及心理委员进行线下培训,同时组织心理委员参加高校心理委员工作平台MOOC培训,保证每名心理委员持证上岗;各二级学院以会代训,对班级心理委员、宿舍信息员开展业务培训和工作指导。

2022年10月至11月,心理委员组织开展“心启航”新生心理健康教育宣传月系列活动,在军训场上为3 100多名新生开展心理素质拓展训练,印发宣传手册,普及心理健康知识。

2022年12月,学校组织心理委员登台展示心理健康主题班会成果并评选出6个优秀心理健康主题班会。

2023年3月,学校开展“3·21”世界睡眠日主题活动,心理委员主动带头打卡睡眠活动并倡导学生养成健康睡眠习惯。

2023 年 5 月，学校开展“5・25”大学生心理健康教育月系列活动，以心理集市的形式庆祝心理健康节。整个学年学校共开展 80 余场心理健康活动，营造了良好的校园心理文化氛围。

2023 年，学校积极树立典型，共评选并表彰优秀心理委员 39 人。2020 级心理委员赖晓悦同学荣获第五届“全国百佳心理委员”称号，选送的剧目《上岸》荣获第六届全国高校心理情景剧优秀剧目展演三等奖。

55. 河南中医药大学心理委员工作展示

郭彦霞　　刘俊岐

强化队伍：强化队伍建设，自助助人夯实基础。2022—2023 学年，学校朋辈心理服务队伍通过“初级—提升—督导”三阶段培训，分别围绕“工作职责与方法”等 10 个专题的基础知识培训和“大学生心理危机排查和干预”等 12 个主题的提升能力培训，实现线上与线下相结合、理论与实践相结合、必修与选修相结合、学校与学院（书院）相结合的培养模式。学校于 2022 年 11 月举办心理主题班会大赛，2023 年 6 月举办班级心理委员工作技能大赛，以赛代训，提高心理委员工作水平。

强化载体：重视宣传教育，多位一体深化内涵。学校指导朋辈力量开展了一系列丰富多彩的活动，如心理情景剧比赛、心理观影、心理健康知识竞赛、心理素质拓展活动等；定期召开心理主题班会，发挥班集体作用，扩大心理健康教育覆盖面；通过打造融媒体宣传教育平台，全方位、多渠道宣传心理健康知识，并结合“3.25”、“5.25”、开学季、毕业季等重要时间节点，开展形式多样的心理健康教育活动，强化学生心理健康意识，做到“未病先防”。

强化引领：树立标杆榜样，朋辈互助立德树人。评选 2022—2023 学年优秀心理委员和心理健康教育先进个人 39 名；赵炫博和李玥姣两位同学分别荣获第五届“全国百佳心理委员”称号和第五届“全国百佳心理委员提名奖”；《彳亍》荣获第六届全国高校心理情景剧展演优秀奖，《破晓》在第二届全国高校心理微电影优秀作品展中被评为“百佳心理微电影”，《“星苑为你”心理委员成长训练营》在河南省高校学生工作优秀成果展中进行了展示。

56. 四川建筑职业技术学院心理委员工作展示

罗　乐

2022 年 9 月，学校启动新生心理委员选拔工作。

2022 年 10 月，学校对 167 名新生心理委员进行了“5+10”理论与实践相结合的上岗培训，其中理论培训 5 场，实践培训 10 场。

2022 年 11 月，学校开展心理委员成长加油站活动，对全校 170 名大二心理委员进行了主题为“心理委员的自我关照”的团体辅导，共计 10 场。

2022 年 11 月 30 日，学校入选全国高校心理委员研究协作组理事单位。

2022 年 12 月 2 日，学校优秀心理委员马雪怡荣获第五届“全国百佳心理委员”称号，俄么磋荣获第五届“全国百佳心理委员提名奖”。

2023 年 3 月 2 日，学校心理健康中心开展朋辈沙龙之“百佳心理委员交流会”，邀请第五届“全国百佳心理委员”获得者马雪怡同学与全校心理委员进行工作经验交流。3 月，学校面向全校心理委员开展主题为“心理委员的人际关系”的团体辅导培训，共计 20 场。

2023 年 4 月，学校心理健康中心邀请德阳市精神卫生中心刘期文主任医师，对全校心理委员开展了 2 场“春季大学生心理疾病的预防、发现和治疗”专业知识讲座。

2023 年 5 月 12 日，新晴心理协会开展朋辈沙龙之“摄影与视频剪辑交流会”，邀请融媒体技术骨干对学生进行摄影与视频剪辑经验分享，助力学生顺利完成心理健康课程实训任务。5 月 31 日，学校开展第三届大学生心理情景剧大赛决赛，其中《逐梦》《听见你的声音》《救赎》获得一等奖。

57. 中南财经政法大学心理委员工作展示

余金聪

一是高度重视 2022 级新生心理委员和高年级新入职心理委员培训工作。2022 年上半年，学校心理咨询中心组织心理委员专题培训 2 场，包括心理委员新手入门工作坊和心理情景剧在班级心理健康工作中的应用两个主题。2022

年下半年，学校在南湖校区和首义校区分别面向新生心理委员开展“基础训练营”系统培训，每个校区心理委员均需要完成 8 个主题、16 学时的培训，累计培训 1 000 人次；面向研究生心理委员开设通识选修课“朋辈心理互助理论与实务”，课程共计 16 学时，1 个学分，全体研究生心理委员参与课程学习。

二是策划组织 2022 级本科生和研究生心理委员开展破冰团建主题心理班会 140 余场，覆盖 3 600 余名本科生和 1 000 余名研究生。

三是组织开展第四届心理委员先进个人评选活动，最终评选出“十佳心理委员”10 名，优秀心理委员 35 名。工商管理学院 2019 级李啸竹同学和法学院 2020 级付渝茜同学荣获第五届“全国百佳心理委员”称号。

四是组织第二届心理主题班会策划大赛。此次大赛历时两个月，经过各学院的初赛推荐，20 支队伍进入决赛，共评选出一等奖 2 名，二等奖 3 名，三等奖 5 名，最佳人气奖 1 名。

五是注重心理委员队伍建设工作的宣传，在心理咨询中心官方微信公众号“晓南心语”的“心委时间”栏目上共更新 13 期作品，发布“星语心愿”心理健康知识宣传卡片 196 期。

58. 吉林化工学院心理委员工作展示

王晓宁

2022 年，学校继续加强心理委员队伍建设，将“校—院—班—寝”四级学生朋辈力量充分调动起来，通过多种形式提高心理委员队伍的工作能力，发挥心理委员在高校心理健康教育中的助人互助作用。

2022 年 3 月至 5 月，学校组织全校心理委员观看“抗击疫情全国心理委员大讲堂”系列公益讲座，并开展“同心抗疫 暖心成长”专业心理培训 4 场。

在 2022 年“5 · 25”心理健康月活动中，全校各院系心理委员协助心理健康咨询中心精心组织与策划了团体辅导、线上心理知识竞赛及趣味打卡等活动，共计 8 000 人参与。

2022 年 9 月至 10 月，学校选拔 2022 级心理委员，发放《吉林化工学院心理委员成长手册》。2022 级全体心理委员完成高校心理委员 MOOC 培训。11 个学院各设立 1 名心理辅导员，1~2 名心理干事，由他们统筹院系心理健康工作，逐渐打通心理育人“最后一公里”。

2022 年 11 月，经个人申请、院系审核、公开答辩，学校评选出 2022 年度优秀心理委员 18 人，并将他们的工作风采在“化院新天地”微信公众号上进行展示，阅读量达 5 000 余次。

2022 年 12 月，学校成功当选全国高校心理委员研究协作组理事单位，1 名心理委员荣获第五届“全国百佳心理委员”称号，1 名心理委员获得第五届“全国高校百佳心理委员提名奖”。

59. 西安交通大学心理委员工作展示

康 楠

推进知识教育。心理委员培训是心理健康教育工作的重要内容，学校心理委员培训分为四部分。第一部分是由学校大学生心理健康教育与咨询中心统一开展的校级培训，2022 年面向本科生和研究生共举办 5 场校级心理专题培训和 1 场户外素质拓展活动，提高了学生助人素质与能力。第二部分是由各书院/学院开展的危机识别、活动组织等更具针对性的院级培训。2022 年举办院级心理委员培训 22 余场，2 000 余人次参与。第三部分是线上学习，组织心理委员学习高校心理委员工作平台和“智慧树”平台的助人技能和自我成长与管理等网络课程，促进心理委员成长。第四部分是选修课学习。心理委员须选修本校大学生心理健康与自我调适课程，掌握心理学基本理论与知识。

开展宣传活动。学校依托心理委员，开展心理健康校园行、心理微电影大赛、心理知识竞赛、心理主题班会等校级品牌活动和心理沙龙、心理讲坛等班级心理活动，宣传心理健康理念和知识。2022 年，心理委员组织开展各级各类宣教活动 180 余场，25 000 余人次参与。

加强交流评比。2022 年 11 月，学校举办第四届“十佳心理委员”评选活动，并为心理委员提供学习交流平台，增强心理委员的助人能力。2022 年 12 月，李涵宇和彭罗健两名同学分别获第五届“全国百佳心理委员”称号和第五届“全国百佳心理委员提名奖”。

60. 河北经贸大学心理委员工作展示

刘娜娜

心理委员工作是学校心理工作的重要环节。2022 年 5 月，学校举办以“强心健体 未来有我”为主题的第十七届大学生心理健康节活动，并开展了优秀心理委员评选工作，表彰了 35 名优秀心理委员。2022 年 11 月，学校为 2021 级班级心理委员购置发放《心理委员标准化教程》；组织 2022 级 249 名班级心理委员参加校内专题培训和网络专题学习（高校心理委员工作平台），并对其进行了入职考核；组织全校班级心理委员学习“抗击疫情全国心理委员大讲堂”系列公益讲座。此外，学校心理剧作品《朋友圈》在第五届全国高校心理情景剧优秀剧目展演中被评为百佳剧目，并在决赛中取得全国第 16 名的优异成绩。

61. 浙江交通职业技术学院心理委员工作展示

史秀玉　曾小英　林国业　黄　钢　潘　进

浙江交通职业技术学院为浙江省“三全育人”综合改革“心理育人”项目重点建设单位之一、浙江省心理中心标准化建设达标单位之一。学校心理协会获 2022 年度浙江省高校自律互助类“活力社团”荣誉称号、2023 年度校级优秀学生社团荣誉称号。心理微电影《“疫”起网课，冷暖同行》在第二届全国高校心理微电影优秀作品展中被评为“百佳心理微电影”，心理情景剧《Black dog 日记》在第六届全国高校心理情景剧优秀剧目展演中被评为“百佳剧目”。史秀玉老师参加第六届全国高校心理情景剧研讨会并进行专题报告分享；史秀玉、潘进、黄钢、林国业、曾小英撰写的论文《“三全育人”背景下高职院校心理委员心理助人工作创新模式研究》获评第十七届全国高校心理委员工作研讨会特等论文。

学校充分发挥心理委员在心理健康教育“一控二防三联四助”工作机制中的“自助、他助、互助、专助”作用，举办校第十七届心理健康宣传月系列活动 40 项，成功申报 2023 年中国计划生育协会主办的高校青春健康项目，举办校内外各类青春健康宣传教育活动 11 场。2022 年 11 月，吴倩怡同学荣获第五届“全国百佳心理委员”称号。2022 年 12 月，学校对全校新生心理委员进行 8 个课时的心理助人理论知识和技能培训，其中 91 名心理委员通过结业考试，荣获“校级朋辈心理互助员”称号。

62. 郑州大学心理委员工作展示

郑州大学心理健康教育中心

2021 年 9 月至 2022 年 6 月，学校组织本科生心理委员与心理协会成员使用《心理委员培训手册》和《朋辈心理互助培训手册》接受课程培训，第一学期培训本科生心理委员与心理协会成员 158 名，第二学期培训本科生心理委员与心理协会成员 273 名。

2021 年 11 月，学校对 110 名本科心理委员进行了心理素质拓展培训和朋辈心理互助培训。

2023 年 3 月，学校对 303 名本科生心理委员进行了心理素质拓展培训和朋辈心理互助培训。

63. 中国石油大学（华东）心理委员工作展示

张万春

学校一直以来都非常重视学生心理委员在心理健康教育工作中的作用，持续开展面向心理委员的培训教育。

2022 年 4 月，学校举办心理委员风采大赛，评选出冠军 1 个、亚军 3 个、季军 4 个。此次大赛展现了心理委员风采，营造了阳光、健康的校园心理健康教育氛围。

2022 年 9 月以来，学校通过多种方式开展多场次、覆盖多主题（班级凝聚力建设、“从心出发、向光而行”、“任‘疫’翻转，我自心安”）的团体辅导和心理讲座，有效提升了心理委员的实际胜任力。

2022 年 12 月，2021 级心理委员韩雨欣荣获第五届“全国百佳心理委员”称号。本校学生连续三年喜获该荣誉称号。

心理委员是学生心理状态的观察者、心理健康的守护者，在同学和老师之间发挥着不可替代的桥梁作用。学校通过在心理委员队伍中树榜样、立典型，广泛传播优秀心理委员的先进事迹，不断促进学校朋辈心理健康教育的骨干队伍建设，形成积极向上的校园心理文化氛围。

64. 福州大学心理委员工作展示

许琳玲　　黄瑞枫

2022 年 9 月至 11 月，学校面向 5 个校区 22 个学院开设“朋辈训练营”，采用理论讲授、实操训练、小组团体、现场观摩等形式共培训本科生心理委员 461 名，研究生心理委员 253 名，共计 714 名；同时结合高校心理委员工作平台、“生命守门员”培训项目，对全校心理委员进行阶段性轮训，普及朋辈的心理辅导工作理论知识、实务技巧以及心理危机识别处理知识。学校依托“小福心”、各学院心理发展部、“向日葵朋辈小屋”等学生心理服务机构，为心理委员提供实训成长平台。

2022 年 10 月至 12 月，学校开展第四届朋辈辅导技能大赛，全校 651 名心理委员积极报名参赛，以赛促学，提高心理委员的互助能力。2022 年末，学校组织开展 2022 年校级优秀心理发展部、“十佳优秀朋辈互助员”评选推优工作，评选出 6 个校级优秀心理发展部和 10 名“十佳优秀朋辈互助员”，展示了朋辈辅导工作风采，树立了优秀朋辈榜样。2 名优秀心理委员荣获第五届“全国百佳心理委员”称号。

65. 河北轨道运输职业技术学院心理委员工作展示

王立前

2022 年 2 月，开设朋辈心理助人技术初级课程，共 523 名学生学习；2022 年 9 月，开设朋辈心理辅导技能课程，共 388 名学生学习；2023 年 3 月，开设朋辈心理咨询实务高级课程，共 89 名学生学习。朋辈心理助人实践课程贯穿 3 门课程中。以上 4 门课程分别对应 1 个“微证书”，通过递进式选拔，获得 4 个“微证书”的学生可获得“朋辈心理辅导员”证书。

2022 年 3 月，《我们的时光》在首届全国高校心理微电影优秀作品展中被评为“百佳心理微电影”；9 月至 10 月，学校选拔出 17 名优秀心理委员，其中王晓字、苏是中分别获第五届“全国百佳心理委员”荣誉称号和“全国百佳心理委员提名奖”；12月，学校被评为全国心理委员工作研讨会优秀组织单位。2023年6月，《我们》在第二届全国高校心理微电影优秀作品展中被评为“百佳心理微电影”，《支持的力量》在第六届全国高校心理情景剧优秀剧目展演中被评为优秀剧目。

2022年4月，心理健康服务中心主任王立前参加“抗击疫情全国心理委员大讲堂”系列公益讲座；学校开展“懋华心讲坛”，200名心理委员参加。

2022年5月，学校组织朋辈心理咨询员技能大赛，共220人参加；9月至10月，组织“青春献礼二十大 强国有我新征程”系列活动，140名心理委员组织心理主题班会比赛等；10月，组织140名心理委员和50名心理协会学生带领新生开展“心相连 爱相随”活动；10月至12月，进行心理委员选拔和培训工作，137名心理委员完成高校心理委员MOOC培训并取得合格证书。

66. 河南城建学院心理委员工作展示

赵灵芝

2022年9至12月，学校修订《河南城建学院班级心理委员管理办法》，制订河南城建学院2022级班级心理委员工作计划，启动“五个一”班级心理委员能力提升工程，具体内容如下。

一次系统培训：2022年9月，发布《2022级班级心理委员选聘、培训培养工作实施方案》；2022年10月至11月，开展为期2个月的班级心理委员训练营，培训内容包括班会组织、团辅活动等5个专题；组织2022级124名心理委员参加全国高校心理委员MOOC培训，他们全部通过培训考核，做到持证上岗；2022年度开展各级心理委员讲座10余场，提升心理委员助人专业水平。

一次心理委员大赛：2022年12月，开展2022年度班级心理委员大赛，124名班级心理委员参加了大赛，各位优秀心理委员代表分享了班级心理工作组织策划、活动开展、宣传报道、个人成长与收获等丰富多彩的内容，充分展示了班级心理委员的风采。

一系列团体辅导：2023年4月至5月，通过6次结构化团体辅导的形式，对心理委员的团队建设能力、压力与挫折应对技能、心理韧性建设进行专项提升；

指导心理委员面向班级同学开展团体心理辅导60余场。

一系列班级凝聚力提升活动：2022年9月至2023年5月，为创建和谐文明校园，各班心理委员开展了“求学路上的第二个家”“心理知识知多少”“如何组织开展线上心理防疫主题班会”等系列班级凝聚力提升活动。

一次先进表彰：2023年5月通过学院推荐、学校评选，表彰了70名优秀朋辈心理委员。

67. 山西财经大学心理委员工作展示

王晓霞

2022年度，学校开展了心理委员系列培训，培训包括线上和线下两种途径。线上培训组织2022级全体心理委员参加全国高校心理委员MOOC培训。线下培训以《心理委员的基础知识和实用技能》教材为主要参考资料，包括以下几个模块的内容：危机干预的理论与实践、团体心理辅导的理论和实践、心理委员倾听技巧培训等。这些培训可以帮助心理委员明确自身的职责，指导心理委员学习“如何识别心理问题”以及具体问题的处理方法，引导全班同学拥有健康心态。

此外，针对大学生开学适应问题，心理健康教育与咨询中心组织心理委员举办开学心理适应讲座和班级团体心理辅导活动，同时号召心理委员组织本班级同学积极参与学校组织的各项心理健康教育活动和“5·25”心理健康月系列活动。这些活动的主题涉及大学生人际交往、职业规划、学习管理、恋爱、考试焦虑等多种常见的大学生心理问题，活动效果良好，反响热烈。

经过努力，学校心理委员团队建设工作取得了一些成绩，杨赵雯同学荣获第五届“全国百佳心理委员”称号，心理微电影作品在第二届全国高校心理微电影优秀作品展中被评为“百佳心理微电影”。

68. 扬州大学心理委员工作展示

张　平

2022年，扬州大学紧紧围绕立德树人根本任务，坚持育心与育德相结合，全面将“朋辈 +”育人理念融入心理健康教育工作，打造朋辈互助教育新格局。学校荣获首届江苏省高校心理情景剧大赛二等奖、优秀指导教师奖；1 名学生荣获第五届“全国百佳心理委员”称号，2 名学生荣获第五届“全国百佳心理委员提名奖”，1 名学生获评“江苏省十佳心理委员”；1 篇论文获评第十七届全国高校心理委员工作研讨会特等论文。

学校持续实施“朋辈心理骨干成长营”“团辅指导者训练营”“宿舍气象员精英培训班”等培养计划，先后邀请北京大学刘卉、复旦大学刘明波、南京大学费俊峰、中国矿业大学段鑫星、福建中医药大学丁闽江等知名专家，以及校内专兼职心理教师，面向班级心理委员、心理协会等群体开展专题心理讲座、团体心理辅导等各类培训 50 余场，集中培训学生骨干 1 500 余人；选聘 20 余名应用心理学专业研究生在各校区心理工作站等开展朋辈心理咨询工作。“心友社”（团体心理辅导朋辈互助社）面向全校开设新生团体心理辅导 200 余场，开展“正念关怀”体验、“心理沙盘”游戏、曼陀罗心理绘画治疗等专业活动 30 余场。朋辈心理骨干举办“5・25”心委心语宣教晚会、心理情景剧大赛、手语操大赛、PSYCHE（psychology 的缩写）演讲大赛、心理游园会、原创作品征集等宣传教育活动 100 余场。

69. 河北旅游职业学院心理委员工作展示

李宪琴

学校心理委员工作最早开始于 2004 年（承德旅游职业学院时期），2006 年将心理信息员更名为班级心理委员。班级心理委员是“学校—系—班”三级心理工作体系的重要组成部分，在心理健康教育、心理危机预防与干预体系中发挥着重要作用。

从 2011 年开始，学校心理服务中心教师通过自编的《班级心理委员培训手册》对新生班级心理委员进行心理健康基础知识、朋辈心理辅导、团体心理活动等培训，并为考试合格的学生颁发证书。班级心理委员创办刊物《心之约》，原创文章同时在学校心理服务中心网站发表。从 2015 年开始，学校开展班级心理委员评选活动，在每年“5・25”心理健康活动月活动中对获评心理委员进行奖励。

2021 年,学校成为全国高校心理委员研究协作组理事单位。每年学校心理服务中心有专人负责组织班级心理委员参加全国高校心理委员工作平台上的 MOOC 培训。2021—2022 年,有 297 名班级心理委员获得合格证书。学校心理委员工作登上了新台阶。

学校实行“55331”心理工作模式,班级心理委员在学校“5 级工作体系”“5 个 1 心理分工模式”中起到了关注、预警、监护的重要作用,在各类心理活动中发挥着组织、沟通、协调、引领作用。班级心理委员队伍已经成为学校心理健康教育工作中一支不可或缺的有生力量。

70. 阜阳师范大学心理委员工作展示

刘时勇　　段姗姗

2022 年,学校进一步凸显心理委员在“校—院—班—舍”四级心理育人网络中的重要作用,印发《阜阳师范大学学生心理健康实践育人活动实施方案》,持续完善“全程设置、纵横覆盖、点上开花”的心理实践活动体系:选拔、培训了 316 名 2022 级心理委员,完成学校心理委员联合会换届;在高年级心理委员队伍中选出 17 名心理委员组建助教团,协助心理中心完成面向 2022 级 6 700 多名学生的大学生心理健康教育课程教学任务以及对全校 24 000 余名学生的心理健康测评工作;组织开展首届“校园心理嘉年华”大型体验式活动。

一年来,心理联合会发表 QQ 动态 240 余条,协助心理中心发布公众号文章 210 多篇。学校深入推进“一站一品”特色心理育人项目建设,对 4 个学院的“二级心理辅导站”标准化建设进行了评估验收,并启动第二批“二级心理辅导站”申建工作,为心理委员提供了更大更专业的发展平台。

学校通过项目研究促进学校心理育人工作。心理委员队伍获批 6 项本科生“心理育人”专项科研课题资助,4 人参与教师课题研究。

以心理委员工作开展和作用成效为基本支撑和重要特色的“一舵双桨三融四联——心理育人工作体系构建探索与实践”成果获 2022 年安徽省教学成果三等奖。

71. 天津职业技术师范大学心理委员工作展示

潘元青

2023 年 2 月 16 日，学校面向 318 名心理委员开展“新学期 心助力”主题在线讲座（潘元青主讲）。2023 年 4 月 26 日，学校开展了“助人自助·拥抱青春”心理委员系列培训。此次培训由学校学工部心理中心全体教师主讲，2020 级、2021 级全体心理委员参加了培训。此次培训使用《心理委员标准化教程》《心理委员倾听能力评估与训练》《心理委员工作蓝皮书》等教材，紧紧围绕心理委员的工作职能和角色定位、大学生常见发展性心理问题与障碍性心理问题的识别、大学生心理危机的预防与应对、心理委员沟通技能等主题进行。2022 年春季学期的心理委员系列培训在“毫末高校心理委员工作平台”官方微信公众号和学校官网新闻频道进行了系列报道。2023 年 3 月至 5 月，学校心理中心与天津天狮学院心理中心共同开展校际心理委员“青春正能量 光影照未来——大学生眼中的健康数字生活”主题活动。天津职业技术师范大学与天津天狮学院同学踊跃参加此次主题活动。此次主题活动包括校园心理成长内在动力、自我意识与人际沟通、青春期问题排解、电子图书阅读习惯养成、数字打卡健身活动等主题，展现了两校学生积极向上、健康多元的校园生活。

72. 济南职业学院心理委员工作展示

周颖萍

2022 年 9 月至 11 月，大一心理委员和校心理协会成员参加线上线下培训，197 人取得全国高校心理委员 MOOC 培训合格证书，21 名大二心委通过心理疗法 MOOC 培训。2022 年 10 月，2 名心理委员在 2022 年山东省高校心理健康教育月展示活动中均获“画解心情”心理健康主题宣传海报二等奖。2022 年 11 月，60 名心理委员参加 3 期“减压幸福课——彩绘曼陀罗”团体辅导。2022 年 12 月，在第十七届全国高校心理委员工作研讨会暨朋辈辅导论坛上，1 人荣获第五届“全国百佳心理委员”称号，1 人获“全国百佳心理委员提名奖”，《朋辈团体辅导在高职心理育人中的探索与实践》获评优秀论文。2023 年 3 月，120 名心理委员参加春季心理素质拓展活动。2023 年 4 月至 5 月,山东商业职业技术学院曹娜副教授对大一心理委员进行“大学生心理主题班会设计与操作”培训,全国高校心理委员研究协作组理事张影侠教授对 600 余名朋辈心理成员进行“人际沟通能力提升”培训;2 部作品入选“5·25”心理健康节“最美笑脸”20 强,学校获评优秀组织单位;评选出校级优秀心理主题班会 40 个,以大二优秀心理委员为主体开展朋辈心理团辅 16 期,共 480 名学生参加。2023 年 6 月,《蝶变》在第六届全国高校心理情景剧优秀剧目展演中被评为优秀剧目。

73. 长沙民政职业技术学院心理委员工作展示

李丽玲

学校成立了以心理发展指导中心为主导,由大学生朋辈心理发展委员会、学生辅导员助理、班级心理委员、信息员、寝室长五个部分组成的学生朋辈心理互助队伍体系。以学校心理发展指导中心和学院成长辅导室两个组织为抓手,建立“五位一体”的“校—院—班—寝”四级联动心理育人学生朋辈互助队伍体系。

为了提高班级心理委员朋辈互助的能力和水平, 2022 年,学校根据校院两级实际和特点,采用集中培训和分散培训相结合、线上培训和线下培训相结合的方式,以专题讲座、心理沙龙、经验介绍、团体辅导、工作坊和交流讨论等多种形式对心理委员进行培训。学校共 206 名心理委员完成了高校心理委员工作平台上的 MOOC 培训,并取得合格证书。

2022 年,心理委员陈香菘荣获第五届“全国百佳心理委员”称号。

2022 年,作品《越过山丘》获得第五届全国高校心理情景剧优秀剧目展演二等奖,许晶老师被评为“优秀指导老师”。

2022 年,大学生朋辈心理发展委员会荣获“湖南省优秀学生社团”称号。

74. 合肥工业大学心理委员工作展示

骆 贵

2022 年,合肥工业大学心理健康教育与咨询中心与各学院大学生发展辅导中心联动,进一步完善“校大学生心理健康协会—院级心理健康社团—年级心理委员联络人—班级心理委员—寝室气象员”五级心理骨干队伍体系，构建“学校—学院—年级—班级—寝室”五级心理健康工作架构，丰富“学校—学院”两级工作格局，全面提升大学生心理健康素养。

校心理健康教育与咨询中心秉持“培根强基、润心赋能”的心理育人理念，设计朋辈心理骨干“理论、体验、实践、督导”四位一体的培养模式，着力深化大学生心理骨干培育计划，推动朋辈心理辅导工作提质增效。2022 年全年校心理健康教育与咨询中心对全校心理骨干开展主题讲座、专题培训以及团体素质拓展共 120 余场，覆盖 1 万余人次。2022 年，2019 级姚佳忆同学荣获第五届“全国百佳心理委员”称号，2019 级魏莹莹同学和杨玉恒同学荣获“全国高校百佳心理委员提名奖”。

校心理健康教育与咨询中心以心理育人品牌项目创建为突破，以心理健康教育日常宣传活动为基础，以新生入学集中教育为重点，构建集品牌项目培育、日常宣传普及、新生集中教育为一体的全员、全过程、全方位的实践活动体系，打造“朋心合力”心理育人品牌项目。2022 年，全校共有 10 项心理育人特色项目和 12 项团体心理辅导活动被立项，营造了积极乐观的校园心理氛围。

75. 西南科技大学心理委员工作展示

李云涛

2021 年 9 月至 2022 年 1 月，新生班级心理委员按照《西南科技大学 2021—2022 年班级心理委员系列培训通知》的要求接受课程培训，其中包括 6 个专题的线下心理技能培训及若干心理委员 MOOC 培训课程。整个学年共培训班级心理委员 441 名。另外，西南科技大学在 2021 学年择优遴选班级心理委员及心理学专业学生 45 名，在 2021 年 10 月进行朋辈心理技能集中培训（包括咨询伦理、心理咨询技能及案例督导等）。

2022 年 2 月，班级心理委员继续发挥专业魅力及宣传能力，积极参加首届全国高校心理微电影大赛，学校推选的微电影《镜中人》在首届全国高校心理微电影优秀作品展中被评为“百佳心理微电影”。2022 年 5 月，在第五届全国高校心理情景剧优秀剧目展中，剧目《镜中人》入选“十佳剧目”。

2022 年 12 月，学校心理咨询中心梳理并更新了《心理委员制度》《心理委员工作流程》等文件。同月，在汲取全国优秀资源并结合班级心理委员工作特色的基础上，学校推选 3 名优秀班级心理委员参加第十七届全国高校心理委员工作研讨会，其中 1 名学生荣获“全国百佳心理委员”称号，2 名学生获得“全国百佳心理委员提名奖”。

班级心理委员工作凸显了朋辈心理团队在心理健康教育中的重要作用，使得心理健康教育工作得到了更好的普及和推广。

76. 延边大学心理委员工作展示

崔美玉　　李善姬

2022 年 3 月 4 日至 5 日，学校组织 4 次朋辈心理热线咨询员培训，参与人数达 181 人。

2022 年 3 月至 5 月，学校组织 300 余名心理委员参加高校心理委员工作平台的 MOOC 培训。心理委员协助心理健康教育与咨询中心组织团体心理辅导共 54 次，覆盖 864 人次。

2022 年 11 月，学校开展 4 次心理委员系统培训，1 000 余名学生参加。

2022 年 11 月，学校开展 8 次寝室长培训，2 114 名学生参加。

2022 年 12 月，护理学院赵明慧、地理与海洋科学学院冯昕一两名同学荣获第五届“全国百佳心理委员”称号。延边大学作品《你好》在首届全国高校心理微电影优秀作品展中被评为“百佳心理微电影”。在第十七届全国高校心理委员工作研讨会暨朋辈心理辅导论坛上，学校心理健康教育与咨询中心专职教师李善姬发表《新时代高校朋辈心理热线紧迫性研究——以延边大学为例》论文，该论文获得优秀奖。

77. 北京交通大学心理委员工作展示

马　征

2022 年 9 月至 2023 年 1 月，学校组织全校 203 名本科新生心理委员参加心理素质培养与训练课程培训。该培训加入心理委员实用技能演练环节，既促进各班心理委员在培训中相互熟悉，又使“心理委员之家”骨干团队建设工作在培训中得到进一步推进。培训完成后,“心理委员之家”组织期末线上陪伴打卡活动,超过 1 200 名在校学生报名参与活动。目前,“心理委员之家”骨干团队以大一、大二心理委员为主力,设有主席团成员 3 人,朋辈保障、文化宣传、活动策划 3 个部门共 12 人,负责纵向推进与心理相关的校园主题活动;另设学院主任(每年级 13 名),负责横向辐射全校近千名班级心理委员。

2023 年 3 月至 6 月,心理委员在各班开展“三个一”系列社会实践活动,包括组织一场心理主题班会、练习一对一谈心谈话、参加一次心理委员座谈,基本实现对一、二年级本科生全覆盖。高年级和研究生心理委员培训主要通过团体辅导的形式展开。各学院心理辅导员围绕团队建设、基本技能、危机识别与转介等内容组织各项活动,旨在将心理委员工作落实到各年级、各班级。

78. 山东劳动职业技术学院心理委员工作展示

高 娟

学校高度重视班级心理委员培育工作,依托“六纵六横六个统一”心理健康教育模式,2022 年度有序开展了心理委员培训、考核、比赛等系列工作。

2022 年上半年,学校举办了第十四届心理健康节开幕式、朋辈辅导技能大赛、“5·25”心理游园会等系列活动 30 余项。心理委员积极带领班级同学参加各项活动,运用专业知识帮助同学们纾压解困。

2022 年下半年,学院选拔并组织 150 余名 2022 级新生心理委员参加由专职心理健康老师主讲的朋辈辅导知识专题培训(20 学时)及团体辅导技能培训(8 学时);组织全体心理委员参加全国高校心理委员工作平台的心理委员 MOOC 培训,做到全体人员持证上岗;开展新生心理护航“六个一工程”,发动 2021 级优秀心理委员组成“心悦宣讲团”,面向全体新生宣讲心理健康知识;组织心理筛查、心理健康知识长廊展览、心理健康知识竞赛等覆盖全体师生的普及性心理服务。2 名心理委员分别荣获第五届“全国百佳心理委员”称号和第五届“全国百佳心理委员提名奖”。

79. 南昌工程学院心理委员工作展示

焦　晶　　徐　勤

2022 年 10 月至 12 月，南昌工程学院面向全校 400 余名心理委员以及 4 000 余名寝室心理联络员开展 2022 年“朋辈互助”计划暨第十三期大学生心理素质训练营。此次训练营采取理论、实践、交流相结合的方式，针对朋辈心理辅导工作要求和大学生心理健康特点开展，以朋辈互助促心理育人。内容包括朋辈心理辅导讲座、朋辈心理辅导线上学习、朋辈心理辅导论坛、心理素质拓展教练培训以及朋辈心理辅导实践。

2022 年 12 月，李二龙同学荣获第五届“全国百佳心理委员”称号。

2023 年 4 月至 6 月，学校采取线下讲座、线上讲座、实践活动和撰写心得体会等形式，面向教师和学生两支心理健康工作队伍开展专题培训，以提升心理委员工作技能。

2023 年 4 月至 5 月，学校开展心理健康工作积极分子评比活动，以展示优秀朋辈心理辅导队伍风采，树立榜样标杆。

2023 年 5 月，学校举办朋辈心理论坛，促进各学院心理委员进行工作交流和经验分享，相互学习，共同进步。

80. 湖北经济学院法商学院心理委员工作展示

封　静

朋辈互助，用心护航。2022 年全年，由心理委员、学生心理骨干组建的朋辈互助团队——“绿芽”心理宣讲团从“呵护健康，为爱负责”“觉察自我，打破内耗”“知艾防艾，携爱同行”等主题先后面向 6 700 余名学生开展了 96 场心理健康主题宣讲。心理委员定期收集“学生心理晴雨表”，了解学生心理动态，及时觉察心理危机。

精准培训，提质增效。学校已连续 12 年开展心理委员系列培训。2022 年 3 月至 5 月，开设 12 学时心理委员中级班培训，在上一年度初级班培训的基础上，共 122 名学员参加培训并顺利结业。2022 年 10 月至 12 月，开设 12 学时心理委员初级班培训,培训以“学校—系部”集中培训、分散培训相结合的方式进行,共560余名学员参加培训,并参与心理委员MOOC培训学习。

朋辈共促,携手同行。2022年,学校组织大一心理委员带领学生参观心理中心76次;同时,依托心理委员和心理社团骨干,开展心理知识竞赛、心理主题班会评选等特色心理育人活动。2023年4月,学校举办“法商心论坛——朋辈辅导论坛”,特邀武汉市10所高校的“全国百佳心理委员”和心理协会代表参会,共话朋辈辅导队伍建设发展之路。

朋辈引领,榜样力量。2022年9月,学校开展“十佳心理委员评选”暨“全国百佳心理委员”推选活动,在朋辈队伍中树榜样、立典型,发挥模范带头作用。12月,蒲金鹏、方向荣获第五届“全国百佳心理委员”称号。

81. 东北大学心理委员工作展示

武 琳　　乔 琳

2022年9月至2022年11月,学校心理健康教育中心面向全体大一班级心理委员及专业分流后的大二新任班级心理委员,开展班级心理委员职能培训讲座10余场,培训心理委员近400人。

2022年9月,学校统计网格化队伍名单,夯实心理委员责任,每月组织心理委员上交“学生心理晴雨表”并经学院审核后整理存档,以及时掌握学生心理动态。心理委员以班级为单位全年开展心理班会近400次。

2022年10月,学校启动“心理健康教育工作优秀学生干部、优秀心理委员及优秀心理活动”评选工作,其中3名学生被评为校级心理健康教育工作优秀学生干部,9名学生被评为校级优秀心理委员。材料科学与工程学院林子曦荣获第五届“全国百佳心理委员”称号。

2023年3月至今,学校面向班级心理委员及致力于从事朋辈心理辅导工作的同学,开设人文社会科学选修课——大学生朋辈心理辅导,在新、老校区完成了共计64课时的授课任务,近400名学生选修该课程。校心理委员会开展“悦心工坊”“解忧杂货店”等多种趣味活动,既增强了校园心理文化氛围,又加大了心理健康教育宣传力度。

2022年9月至今,“云起”朋辈心理辅导工作室开展常态化网络咨询值班热线，累计帮助有各类心理问题的学生 70 余名。

82. 兰州大学心理委员工作展示

索梦弦

2022 年 9 月，学校完成 2022 级 161 名班级心理委员选聘工作。10 月至 11 月，学校组织学生填报“兰州大学心理委员工作准备一览表”，为心理委员开展班级工作打好基础。

2022 年，学校坚持完善心理委员班级心理晴雨表半月报制度，坚持每月面向心理委员开展一次专业培训，要求心理委员每月开展一次班级心理活动；每月面向班级心理委员开展 4 次团体心理辅导活动并讲解活动设计具体内容，提升心理委员的心理健康水平和开展班级心理辅导工作的能力。

2022 年 3 月至 5 月，学校组织 2021 级心理委员参加心理委员 MOOC 培训，共计 138 名班级心理委员完成培训，并获得心理委员 MOOC 合格证书。

2022 年 5 月，学校面向全体心理委员开展知识技能大赛，初赛采取线上答题形式，决赛采取知识答题 + 案例分析 + 现场模拟的形式，共计 124 名心理委员参赛。

83. 中国石油大学（北京）克拉玛依校区心理委员工作展示

张璐璐

学校在心理委员工作中注重发挥朋辈作用，调动学生积极性，促进学生自我教育、互助同行。

2022 年 11 月，2019 级石油工程专业吕廷嵩同学荣获第五届“全国百佳心理委员”称号。

2023 年 4 月，学校举办 2022 级心理委员集中培训 2 期，帮助新当选的心理委员明确角色定位、工作职责；同时有计划地组织心理委员参加心理委员 MOOC 培训，真正将心理委员素质提升落到实处。

2023 年 4 月底至 5 月底，学校开展了 2022 年度优秀心理委员评选工作，通过心理委员申报、学院推荐、心理中心审核、公示等程序，评选出优秀心理委员16名，并进行表彰奖励。

2023年4月，学校启动了《心理委员工作手册》编写工作。

84. 安徽工程大学心理委员工作展示

程香娟

（1）“理论＋实践”“线上＋线下”双通道培训。

心理委员是心理健康教育工作的基础力量。学校高度重视心理委员培训与激励工作，开展分级分层知识培训。2022年9月至12月，面向226名新生心理委员开展心理委员的职责、心理疾病识别等14个主题的理论培训；2023年4月至6月，组织心理委员参加心理委员MOOC培训，275名心理委员获得心理委员MOOC培训合格证书，264名心理委员获得心理疗法MOOC培训合格证书。在理论学习的同时，组织59名心理委员参加2次朋辈技能提升训练营实践活动。

（2）“学院＋学校＋全国”三线评优。

2022年9月，学校开展优秀心理委员评比，经“学院＋学校＋全国”三线评优，60人被评为校优秀心理委员，15人被评为校心理委员标兵，1人荣获第五届“全国百佳心理委员”称号，1人获第五届“全国百佳心理委员提名奖”。

（3）“学校—院校—班级—宿舍”四级预警防探体系建设。

心理委员通过宣传心理健康知识、组织班级心理主题活动，每月按时填报心理信息，动态反馈班级学生心理状况，充分发挥心理健康示范者、心理知识宣传者、心理危机发现者及朋辈健康支持者的职责功能。2022学年，学校共收到350条需重点关注学生的信息，全校558个班级精心组织有特色的班级心理主题活动，如健康心理行、心灵树洞、21天习惯养成、绘画解压等。

85. 南京交通职业技术学院心理委员工作展示

李 醒

南京交通职业技术学院一直充分落实“学校—学院—班级—宿舍”四级预

警网络工作体系的建设，培养出一支以班级心理委员为主，大学生心理协会、朋辈心理咨询员为辅的多元化、多功能的学生心理骨干队伍。学校于 2021 年被评为全国高校心理委员研究协作组理事单位。

学校秉承学生心理骨干队伍培养专业化、专家化的理念，每年组织新生心理委员和朋辈心理咨询员参加系列培训，并不断拓展培训内容、创新培训形式（2021 年开始参加全国高校心理委员工作平台心理委员培训线上课程），使培训常态化、系统化、专业化，最终形成以心理知识讲座、心理素质拓展和线上心理课程多种形式相结合的系统培训，从而使学生心理骨干能够具备更多的心理专业知识和技能，更好地履行岗位职责。

2022 年，学校组织 2022 级学生心理骨干队伍参加培训。此次培训包括 4 场讲座、1 次素质拓展培训和 1 次线上课程学习，133 名学生参加培训，并全部通过全国高校心理委员 MOOC 培训认证。学校充分发挥学生心理骨干队伍的示范引领与模范带头作用，每年评选优秀心理委员和优秀朋辈心理咨询员。2022 年，27 名学生受此表彰，其中 1 名学生荣获“江苏省优秀心理委员”称号。

86. 吉林外国语大学心理委员工作展示

孟　伟

2022 年，学校全体心理委员积极发挥专业心理服务赋能、工作队伍能力赋能、朋辈心理支持赋能、科普知识宣传赋能作用，以“积极赋能”为核心内容开展系列工作。例如：开通 24 小时朋辈心理倾听热线，举办线上新生心理委员工作意识讲座和朋辈心理支持技术讲座，开展重点学生“一对一”朋辈支持关怀工作，通过“朋辈访谈记录表”建立朋辈心理信息反馈机制，设计并发放朋辈赋能训练系列手册，组织朋辈“情绪宣泄、自我接纳”正念辅导活动，进行“新生寝室关系团体心理辅导”等。

为充分发挥吉林省朋辈心理咨询工作室的示范引领作用，在吉林省教育厅指导下，学校提升心理育人工作成效，打造生命教育特色项目，举办吉林省朋辈心理工作优秀项目评选活动。学校“七彩桥”素质拓展项目在此次评选活动中获得第一名。

学校心理情景剧《灵魂的交响曲》在第五届全国高校心理情景剧展演中被

评为优秀剧目。2名教师参加全国高校心理情景剧指导教师培训班，并获得结业证书，成为心理情景剧评审委员库成员。卢一鸣同学荣获第五届“全国百佳心理委员”称号，龙羿璇同学获得第五届“全国百佳心理委员提名奖”。

87. 浙江师范大学心理委员工作展示

薛俊强

2022年10月21日，学校发布推荐第五届“全国百佳心理委员”候选人选拔工作的通知，从各学院推荐的候选人中选拔了3名表现优异的心理委员参评第五届“全国百佳心理委员”，其中2人获第五届“全国百佳心理委员”称号，1人获第五届“全国百佳心理委员提名奖”。2022年12月，学校被评为全国高校心理委员工作示范单位。2023年3月至5月，345名心理委员选修专门面向心理委员开设的学校心理辅导与活动设计课程，学习心理委员必备的班级心理活动组织开展、谈心谈话、心理疾病和危机识别与应对等知识技能。2023年4月28日，学校面向心理委员开展首届朋辈宣讲团成员选拔活动，共6名优秀心理委员入选。5月18日至19日，宣讲团成员面向心理委员开展“小米兰沐光讲堂”之心理委员朋辈心理互助培训7场，共543名心理委员参加。本次培训以“心理委员宣宣的成长日记”形式展开，宣传心理健康知识，讲解心理委员工作技巧。2023年4月21日，学校开展2022—2023学年优秀心理委员评选活动，考核各心理委员在设定工作计划、设计并开展班级心理活动、关注同学心理状态、宣传心理知识、积极参加培训等方面的完成情况，共评选出90名优秀心理委员。此外，各二级学院也于每学期召开心理委员会议，并于学年末开展心理委员考核，进行工作经验总结。

88. 河南职业技术学院心理委员工作展示

温娟娟　　杨　丽

学校积极构建以“二级心理健康教育工作站”为支撑的大学生心理健康教育工作体系，着力落实“学校—二级学院—班级—宿舍”四级心理健康教育网络，近1 000名朋辈活跃在大学生心理健康教育第一线。2020年开始，学校每年积极组织新生心理委员参加高校心理委员工作平台的心理委员 MOOC 培训（2020 年 251 人参加，2021 年 260 人参加，2022 年 284 人参加），有效提升了心理委员的科学化、标准化、规范化管理水平。2023 年 3 月，学校邀请天津大学詹启生教授对全校心理委员开展心理健康教育专题讲座。2020 年学校被评为河南省高等学校心理健康教育试点单位，2021 年学校被评为全国高校心理委员研究协作组理事单位。

2020 年开始，学校每年组织心理教师参加全国心理委员工作研讨会和全国高校心理情景剧指导老师培训班，为心理委员工作的开展打下了坚实的理论基础。2021 年至今，学校已成功举办三届心理情景剧大赛，2022 年《为我的国一起逆袭》入选第五届全国高校心理情景剧大赛百佳剧目；2023 年在第六届全国高校心理情景剧优秀剧目展演中，学校推选的剧目《寻心》从全国 283 部优秀作品中脱颖而出，荣获二等奖的佳绩。

截至 2023 年 5 月，学校已成功举办 9 届心理委员素质拓展训练营活动；2022 年 4 月，学校组织心理协会成员开展心理健康操集中展示活动。

89. 吉林师范大学心理委员工作展示

刘春雷　　吕珈锐

2022 年 9 月至 2023 年 6 月，吉林师范大学心理委员持续发光发热，在本校的影响力进一步加深。2022 年度的心理委员工作如下。

心理委员队伍建设。学校心理委员由校、院、班、寝四级心理委员构成。2022 年，学校修订了心理委员工作职责、考核方法及培训内容等相关规章制度，明确心理委员在班级工作中的定位和职责。每班根据男女比例设置专人专岗，让心理委员成为班级委员的常设岗位。

组织心理委员培训。学校心理中心负责全校心理委员培训工作，本学期对心理委员进行了 22 场心理健康知识、心理调适方法及团体辅导技能等相关培训。王佳富荣获第五届“全国百佳心理委员”称号，燕美彤和赵艳昌获第五届“全国百佳心理委员提名奖”。

开展朋辈咨询和心理活动。学校对校级、班级心理委员进行心理咨询理论和技能的系统培训，培训考核合格的心理委员，方可在院系或学校心理中心承担朋辈辅导等相关工作。2023 年 5 月，心理委员联合风信子心灵使者团共同组织并举行了“心语心悦，让爱传递”第十七届大学生心理健康教育宣传月系列活动 70 余场。

90. 黑龙江大学心理委员工作展示

李巾英 李永升

黑龙江大学打造了学校心航心理协会、朋辈成长联盟、学院二级心理辅导站、班级心理委员、寝室心理联络员工作网络，构建了“选拔、培训、认证、指导”四位一体的学生心理委员培养模式，常态化开展来访学生接待、心理健康教育活动组织、网络宣传等工作，充分发挥学生“自助、互助、他助”作用。

2022 年 9 月，学校心航心理协会、朋辈成长联盟开展换届工作，目前有成员 150 余人。

2022 年 9 月至 12 月，学校面向 2022 级 3 010 名班级心理委员、寝室心理联络员和学生心理骨干开展“学生心理委员危机预防干预技能培训”30 场；针对心理委员骨干学生开展系列主题讲座、培训 16 场，参加人数 3 800 余人。

2022 年，由学生心理委员团队创作的情景剧《解忧杂货铺》在第五届全国高校心理情景剧优秀剧目展演中被评为百佳剧目，1 名心理委员参加由中国计划生育协会举办的“青春健康同伴教育主持人培训班”。

2023 年 3 月至 6 月，学校面向 2022 级班级心理委员开设朋辈心理辅导必选课程（2 学期，24 学时），共 276 人学习该课程。

2023 年 5 月，学校举办黑龙江大学“朋辈互助，扬帆起航”十佳心理委员风采大赛。

2023 年 5 月，学生心理委员团队中标中国计划生育协会青春健康高校项目 1 项、哈尔滨市大学生红丝带行动计划 3 项。

91. 华东理工大学心理委员工作展示

李永慧

2022 年 5 月至 6 月，学校心理咨询中心举办第四十届心理健康教育宣传活动季暨心理情景剧决赛。在此期间,学校以培养积极心态、塑造健康自我、促进大学生心理健康发展为目标,在线上、线下组织开展形式多样的心理健康教育活动约370场次,参与学生达20 000余人次。各学院召开“心理健康百场行”主题心理班会近200场,参与人学生达10 000人次。

2022年10月至11月,心理咨询中心对2022级近300名新生心理委员进行历时两周的上岗培训,完善学校心理健康教育四级网络预警体系。

2022年11月28日至12月1日,由上海高校心理健康教育与咨询示范中心(华东理工大学)承办的“优势视角下学校心理育人工作能力提升”专题培训顺利举办。来自上海市多所院校的专兼职心理咨询师、辅导员、心理委员共计70余人参加了此次培训。

2022年10月,“我秀我健康,温暖伴‘理’行”心理健康教育活动月,荣获2022年度上海学校心理健康教育活动月优秀组织奖。脱口秀节目《呦,是吗,没听说过》荣获2022年度上海学校心理健康教育活动月优秀脱口秀奖。

2022年11月,“积极心理学视阈下新生成长营活动创新与实践”项目入选2022年上海市基层人文关怀心理服务品牌案例。

92. 江苏城乡建设职业学院心理委员工作展示

姜建平

学校持续加强心理委员组织、宣传、预警、助人等能力建设,构建科学的朋辈考评机制,形成“培训—考核—实践”一体化朋辈队伍培训路径,同时依托“阳光使者心理委员专业技能提升系列培训”项目,评选出“满天新星”(大一学生)、“阳光使者”(大二、大三学生)。学校组织开展“校园优秀心理班会课”评选活动,评选多个荣誉奖项及最佳主持奖,为秋季学期开展“校园十佳心理委员”“全国百佳心理委员”评选活动搭建学生展示平台,储备学生力量。2021年至今,学校2名学生分别荣获第四届、第五届“全国百佳心理委员”称号,并成功竞选全国高校百佳心理委员论坛副主席,1名学生荣获第五届“全国百佳心委提名奖”,1名学生荣获“江苏省心理学会优秀心理委员”称号。2023年5月8日至19日,学校组织第三届心理委员专业技能提升培训,内容涵盖心理委员角色定位、心理委员人际支持技巧、心理委员如何组织心理班会课等5个专题,培训采用线上与线下相结合的方式进行，累计参与学生 905 人次。

93. 浙江理工大学科技与艺术学院心理委员工作展示

汪 静 沈荣根 熊婉婷

学校以“育人育心 育心养德”为育人理念，按照“四位一体”心理健康教育体系实施“心灵卫士”培养工程。

2022 年，学校面向全体班级心理委员、朋辈辅导员、各级心理组织学生骨干等，开展“开学第一课”心理专题，“大学生开学心理适应”、“新生心理适应与成长”、“护心战‘疫’”云课堂、朋辈心理助人能力提升专题培训、心理专家进校园、心理科普等大型培训 10 余场。

2023 年 4 月至 5 月，学校举办“拥抱自己 拥抱爱”第二十三届心理健康活动月系列活动。在此期间，心理委员积极组织开展心理科普知识宣传。4 月 12 日，学校举办“从心出发 不负韶华”校第十五届心理情景剧大赛，《小鱼小鱼》在第六届全国高校心理情景剧大赛中被评为优秀剧目。3 部心理剧作品获绍兴市第一届高校校园心理剧大赛二等奖 1 项、三等奖 2 项。5 月 25 日，学校举办校心理科普成果展和心理嘉年华游园会。

2022 年 12 月，学校组织教师参加第十七届全国高校心理委员工作研讨会暨朋辈心理辅导论坛，1 篇论文获优秀论文奖。1 名心理教师撰写的心理育人工作案例获浙江省高校辅导员案例大赛三等奖。

2022 年，学校开展朋辈团体辅导活动 46 场、“大学生恋爱与成长”主题团体辅导 8 场，举办心理原创剧本大赛、心理微电影大赛。《苦难不能打倒我》在第二届全国高校心理微电影优秀作品展中被评为百佳心理微电影。

94. 上海应用技术大学心理委员工作展示

秦 凤

2022 年 3 月至 4 月，上海应用技术大学面向全校近 400 名班级心理委员开展提升胜任力专题培训。本次专题培训包括“疫情下大学生的心理成长”“朋辈应对心理危机的 5+1 模式”等 4 个主题。每场培训后，心理健康教育中心的专职教师和心理辅导员带领成员进行小组讨论，引导参加培训的心理委员积极交流经验，分享培训感悟。

2022 年 10 月至 11 月，由上海市教育委员会指导、上海学生心理健康教育发展中心主办、上海应用技术大学承办的 2022 年上海高校班级心理委员成长训练营结业盛典暨技能大赛圆满收官。共有来自 45 所院校的 89 名班级心理委员参加此次训练营培训和比赛。20 余位业内专家入营为班级心理委员传授心理知识。经过为期一个月的 8 场培训以及结业考试的筛选，共有 20 名学员进入最终决赛。

2022 年全年，上海应用技术大学通过专题讲座、视频学习、案例讨论、团体辅导、技能比拼等形式开展班级心理委员经常性培训、寝室心理信息员培训、心理委员骨干培训 35 场，累计培训 3 680 人次，评选出优秀学员、校园十佳心理委员 70 余名，全面提升了朋辈互助队伍的综合素质和工作能力，充分发挥了朋辈“青春守护者”的作用。

95. 西安石油大学心理委员工作展示

赵　晶

2023 年 4 月至 6 月，面向大二心理委员开设心理学与心理咨询选修课（惠笑吟、赵晶、董建红、魏晓言主讲）。

2022 年 11 月 1 日，为大一心理委员开展线上讲座《做专业的心灵守护者》（赵晶主讲）。

2022 年 11 月 3 日，为大一心理委员开展线上讲座《如何开展好心理健康主题班会和心理情景剧》（焦文洁、魏晓言主讲）。

2023 年 5 月 16 日，为大一心理委员举办培训讲座《与情绪握手言和——心理委员沟通中的情绪管理与表达》（赵晶主讲）。

2022 年 10 月至 11 月，开展秋季心理委员系列团体心理辅导“独特的我、信任之旅，走出圈外、舞动沙龙”（焦文洁、董建红、魏晓言、惠笑吟、赵晶、王璟主讲）。

2023 年 4 月至 6 月，开展春季心理委员团体心理辅导“做情绪的主人”（赵晶主讲）、“沙盘游戏实践成长训练营”（魏晓言主讲）、“谈谈情 聊聊爱”沙龙

（惠笑吟主讲）、“关于学习的底层逻辑”读书会（闫高斌主讲）、“沟通能力训练营”（董建红主讲）。

2023年5月17日，举办2022年优秀心理委员评选答辩活动，15名同学获校级优秀心理委员荣誉称号。

心理委员联合协会举办的学生活动：2022年10月，“打破偏见，爱上自己”世界精神卫生日主题活动；2022年11月，“冬日里的温暖驿站”活动；2023年5月25日，“拾忆童年 助力青春”大学生心理健康日主题活动。

96. 南京航空航天大学心理委员工作展示

陈　瑜

南京航空航天大学依托校心理健康教育中心和学院心理健康教育辅导站对心理委员进行双层管理，做好心理委员的选拔、管理、培训、考核、评优工作，要求心理委员以“自助助人”为宗旨，每学期举办一次寝室沙龙，每学期开一场心理班会，每半月上报一次班级心理动态。

2022年10月及2023年3月至4月，南京航空航天大学对298名2022级本科生、硕士生心理委员进行专业素质与技能培训。培训以校本培训和高校心理委员工作平台MOOC培训相结合的形式进行。其中，12场专题理论培训和20场技能实训培训在将军路和天目湖两个校区举行（杨雪花、倪亚红、杨易、陈瑜、陈俊鹏、袁辰馨、王俊丽主讲）。

2023年，南京航空航天大学根据江苏省教育厅相关文件精神，以“重塑心秩序，青春再启航”为主题举办心理健康教育系列活动；组织“温暖一小时”系列心理沙龙活动，帮助心理委员提高心理素质与技能；开展校级“优秀班级心理活动”评选活动，惠及学生近10 000人；举办“5·25”心理嘉年华活动，展示各学院心理委员风采。

在校领导高度重视和心理健康教育中心老师指导下，南京航空航天大学1名学生荣获第五届“全国百佳心理委员”称号，1名学生获“全国百佳心理委员提名奖”，1名同学获“江苏省优秀心理委员”称号。

97. 吉林电子信息职业技术学院心理委员工作展示

姜莹莹

2021 年 11 月至 2022 年 11 月，学校心理中心分别组织 2021 级、2022 级班级心理委员参加全国高校心理委员 MOOC 培训，帮助心理委员丰富专业理论知识，了解心理健康教育工作的方法和技能，共计 169 名心理委员获得合格证书。

2022 年，吉林电子信息职业技术学院在 2022 级新生中遴选 149 名心理委员，组织全体心理委员开展“疫情下大学生心理保健与自我成长”“大学生相处之道：聆听与倾诉”“疫情防控期间睡眠的管理”“大学生人际沟通与生涯发展”“积极心态 超越逆境”等线上心理委员大讲堂，有效地帮助心理委员进行心理调节，提高他们应对压力和挫折的能力。

2023 年“5·25”心理健康节期间，心理中心在学校青春剧场开展了全体心理委员大讲堂之团体心理活动，评选出优秀心理委员 27 名。

2022 年 3 月，心理微电影《梦醒·拥抱阳光》在首届全国高校心理微电影优秀作品展中被评为百佳心理微电影；2022 年 12 月，2021 级心理委员马俊超荣获第五届“全国高校百佳心理委员”称号，2021 级心理委员栾晓琳荣获第五届“全国高校百佳心理委员提名奖”；2023 年 6 月，心理微电影《被光照亮的人》在第二届全国高校心理微电影优秀作品展中被评为百佳心理微电影。

98. 重庆第二师范学院心理委员工作展示

席　一

2022 年 3 月至 6 月，学校遴选优秀心理委员 9 人，组建“蒲公英”朋辈心理辅导团，对 9 名优秀心理委员开展系列培训，组织心理委员面向全校学生开展人际关系、压力缓解、留学生专题团辅等 5 期朋辈学生团体心理辅导。

2022 年 12 月至 2023 年 3 月，学校组织全校新任心理委员参加全国高校心理委员工作平台 MOOC 培训，168 名心理委员通过培训，并取得 MOOC 合格证书。

2023 年 3 月至 5 月，学校举办第五届“心之伴”心理委员技能大赛，213 名心理委员参加初赛，11 名心理委员参加校级决赛，以赛促学，进一步提升学校心理委员的心理自助互助技能。

2023 年 5 月，优秀心理委员代表在学校“心之旅”心理集市开幕式上做专题工作汇报。

99. 山东青年政治学院心理委员工作展示

李　洁

学校高度重视大学生心理健康教育工作，积极构建“3·5·3·5”心理健康教育工作模式，即树立全员、全方位、全过程“育心育德”工作理念，组建学校、学院、班级、宿舍、个人五级工作网络，实施校、院、班三级预警机制，以及“五位一体”工作格局，并于 2022 年成功入选全国高校心理委员研究协作组理事单位。

班级心理委员作为五级工作网络中的重要组成部分，2022 年组织全校 400 余名班级心理委员开展心理健康与心理问题识别、心理危机排查与干预、谈心谈话技术、压力与挫折应对及人际交往等主题的 MOOC 培训。该 MOOC 培训提升了班级心理委员心理健康教育工作水平，发挥了其朋辈互助作用。班级心理委员是心理健康基本知识的宣传者，通过线上与线下相结合的形式，一方面班级心理委员召开主题班会对班级学生进行心理健康知识宣传，并发挥自身专业优势和特长，开展知识竞赛、趣味心理运动会、海报设计比赛等心理健康教育特色活动；另一方面班级心理委员通过微信公众号、视频号等平台宣传普及心理健康的知识、理念和方法，提高大学生心理自我调适能力。班级心理委员作为存在心理危机问题学生的发现者，完成日常心理危机日报告、重点学生关注等工作，协助辅导员正确处理心理危机事件。

100. 四川师范大学心理委员工作展示

高　玮

2022 年，学校聚焦心理委员朋辈团队建设和教育活动开展，以加强学生积极心理品质培育和压力分类疏解为主线，构建“1+N”心理育人品牌矩阵，通过丰富多彩、形式多样的系列活动，引导学生构建和谐的身心秩序，营造健康乐观、积极向上的心理环境。学校先后组织开展精品活动 1 场、特色项目 2 个、专题讲座 5 场、主题拓展 7 类、心理沙龙 9 场，共有 2 万余学生参加。学校积极加强校际联动，先后与多所兄弟院校联合举办心理"信联心""不二之书"两个特色项目，鼓励学生互通信件，畅谈人生理想，分享青春故事，累计参与学生达 800 余人次。学校邀请 5 位校内外专家，开展有关生命教育、战胜睡眠拖延、宿舍人际关系等的专题讲座，累计参与学生达 1 000 余人次，有效提高了心理育人的针对性与实效性。同时学校坚持聚焦体验导向，组织开展心理委员素质拓展、"十佳心理干部""十佳心理委员"评选、"十个一"心理项目、"触及真心"心理摄影展、"'心'选择，新'视'界"减压训练营等 7 类主题活动，累计参与学生达 2 000 余人次，提升了学生的价值感与成就感。此外，学校联动研究生助管、优秀学生等朋辈群体，在学生社区举办自我认识、职业生涯等 9 场心理沙龙，共计 173 人次参加，提升了学生的主体性与掌控力。

101. 山东第一医科大学心理委员工作展示

赵艳霞　　陈乐乐

山东第一医科大学积极推进心理委员建设工作，以教师指导、学生自主参与的模式为基础，重视朋辈辅导，注重培养学生的自我管理、自我服务、自我教育意识。学校以校心理健康教育中心为指导资源，建立校级心理委员组织，依托辅导员工作室、咨询室、辅导站建立院系心理委员组织。学校将心理育人工作渗入校园文化建设中，以心理委员为主体，在医师节、护士节等特色节日的活动中将心理教育与职业道德教育、专业教育相结合，培养人文医学情怀。心理委员在"世界精神卫生日""世界睡眠日""世界双相情感障碍日""世界无烟日"等特殊时间节点，结合专业优势，开展校内精神卫生与心理健康知识宣教活动，并走出校园，到社区、中小学校等进行社会公益宣传 10 余次，覆盖校内外千余人。学校对心理委员进行朋辈辅导员赋能成长以及工作技能系列培训（即兴喜剧），共培训 300 余人次；同时以心理健康教育月活动为契机，组织优秀心理委员评选活动。优秀心理委员在展演晚会上进行工作述职，受到现场 500 余名师生观众的高度评价。

102. 华中科技大学心理委员工作展示

张柯蓝

为了丰富心理委员的心理知识，明确心理委员的职责，使其更好地为班级同学服务，2022 年 10 月，校心理健康教育中心组织了两期心理委员会培训，共 6 学时。主校区合计 357 名心理委员完成全部培训，并达到结业标准。新生心理委员的培训使各班心理委员明确了岗位职责，为以后开展工作打好基础。2022 年 10 月 29 日晚，学校在线上举行校"十佳心理委员"评选活动。经过激烈的答辩，基础医学院的王雨姝、电气与电子工程学院的陈志贤等同学荣获校"十佳心理委员"称号。2023 年 3 月到 5 月，在心理委员带领下，各院系班级积极开展由校心理健康教育中心主办的"心理健康教育进班级"活动。此次活动以"德、智、体、美、劳"为主题，形式多样，专业有趣，拉开了"5・25"心理健康节的序幕。2023 年 5 月 14 日下午，2022 级各院系心理委员齐聚大学生活动中心，参加"心委茶话会"活动。通过邀请优秀心理委员和院系部长分享经验，以及新生心理委员互相交流经验，有效联络了各院系心理委员，也提高了心理委员的助人能力。另外，2023 年 4 月到 6 月的每周六下午，在各班心理委员的带领下，各班分批开展"心理健康教育中心开放日"活动，通过心理委员的讲解，促进大家对学校心理咨询和心理健康教育工作的了解。

103. 中国药科大学心理委员工作展示

孟　杰

中国药科大学高度重视心理委员队伍的选拔、培训、聘用与考核、评优等工作，将心理委员纳入学校五级心理健康教育与危机干预体系之中，有效发挥心理委员在学校心理健康教育工作中的作用。

2022 年 9 月至 11 月，学校组织"闪'药'新学期、共创'心'未来"心理委员成长训练营，围绕心理委员的工作职责、工作要求、工作技能等方面为心理委员开展专题心理培训，包括"心理委员的角色定位及岗位职责""主题心理活动的策划与开展""人际交往方法与技巧""心理助人技巧与原则""心理问题的识别与危机预防”等心理讲座，心理委员系列团体心理辅导，以及校第五届主题心理班会大赛，真正做到了“赋能新心委、助力新学期”。

2023 年 3 月至 5 月，学校面向心理委员开展了“共在屋檐下、润心你我他”“情绪识别与应对”“积极心理素质提升”“知己知彼、将心比心”等主题心理培训，并举办了校首届心理委员与心协骨干朋辈交流成长论坛。

2022 年 10 月至 2023 年 5 月，经过培训的心理委员积极开展心理工作，包括：带领全班同学“走进心理发展中心”参观交流；协助心理发展中心完成新生心理测评；组织班级同学制作心理微电影并获得江宁基地第十一届心理微电影大赛一等奖；组织开展各类班级心理活动及参与江宁基地各类心理竞赛，获得一等奖 4 项、二等奖 5 项、三等奖 5 项。

2022 年 12 月，2020 级心理委员冉梦彤荣获第三届“全国百佳心理委员”称号。

2023 年 5 月，学校开展了 2022—2023 学年校“十佳心理委员”的评选与表彰工作。

104. 贵州大学心理委员工作展示

赵 明

2022 年 9 月至 2023 年 1 月，校心理中心针对全校 2022 级班级心理委员在线上开展“大学生心理危机识别与干预”心理技能培训，各学院针对本学院心理委员分别开展院级培训。2023 年 2 月至 2023 年 6 月，校心理中心针对全校不同校区、不同年级的班级心理委员开展了“与心灵相约，与健康同行”班级心理委员素质能力提升系列培训，包括“守护心灵，从我开始”（西校区、南校区 300 余名 2022 级班级心理委员参加）“心理委员胜任力培训——角色认同感的提升”（西校区、南校区 600 余名高年级心理委员参加），分别从学生心理委员的历史由来、角色定位、工作职责、危机识别、谈话技巧等方面展开培训，督促心理委员提升工作能力，更好地发挥朋辈互助作用，共同推进全校心理健康工作。

105. 新疆师范大学心理委员工作展示

刘晶晶　　郑宽宽

2022年,学校进一步强化心理委员在“校—院—班—舍”四级心理育人工作网络中的地位。心理健康教育服务中心持续推进、不断完善心理委员工作管理网络。学校在“三强班级”品牌创建中积极发挥心理委员朋辈力量的教育引导作用,建立日常生活预警机制,增强朋辈关怀互助,促进班级学生身心健康、体魄强壮,打通心理安全防护的“最后一公里”。

2022年,全校心理委员共完成6个专题12场线上、线下培训,275名心理委员参加全国心理委员MOOC培训并获得合格证书,截至2022年全校累计596名心理委员取得合格证书。学校举办第三届校级心理委员技能大赛、心理健康视频“宣讲达人”、“新师健心”脱口秀等校级赛事。心理委员组织开展“新师学子日行一善,雷锋精神薪火相传”、毕业季团体辅导、“爱的魔力转圈圈”心理健康主题班会等形式多样的心理健康教育活动。

学校每年举办心理情景剧大赛,1部剧目在第五届全国高校心理情景剧优秀剧目展演中被评为优秀剧目。在第十七届全国高校心理委员工作研讨会暨朋辈辅导论坛中学校被评为第三届全国高校心理委员工作示范单位、2名心理委员荣获第五届“全国百佳心理委员”称号、1名心理委员荣获第五届“全国百佳心理委员提名奖”、1篇论文荣获优秀奖。

106. 中国科学技术大学心理委员工作展示

崔静琳

2022年4月,为加强疫情防控期间对学生的人文关怀,尽早发现存在心理危机的学生并对其进行科学干预,心理健康教育与咨询中心开展疫情防控期间的心理健康调查工作,排查存在抑郁倾向的学生,并由班级心理委员组织和协调相关事务。

2022年5月,“疫境成长,从心出发”心理健康教育主题活动月启动。5月到6月,以班级心理委员为活动具体牵头人,通过线上或线下的形式开展

“5·25”心理健康教育主题活动，全校学生积极参与并有 130 余个班级提交了活动总结。

2022 年 9 月，开展 2022 级新生心理委员的遴选和其他年级心理委员的更换工作。

2022 年 7 月，第三批二级心理健康工作站挂牌，3 个学院的二级心理健康工作站正式开始工作。心理委员承担志愿工作，提供同辈帮扶服务。

2022 年 9 月，开展 2012—2022 学年优秀心理委员评选活动，78 名学生被评为优秀心理委员。

2022 年 11 月，心理健康教育与咨询中心组织开展第一届“11·25”心理健康教育月主题活动。心理委员参加和组织“青春‘心’征程，携手向未来”的主题活动。同时心理健康教育与咨询中心通过组织新任心理委员到心理健康教育与咨询中心参加体验活动，向心理委员介绍和展示其服务和功能。

2022 年 11 月，学校被评为第三届全国高校心理委员工作示范单位。

2022 年 12 月，学校 2 名心理委员荣获第四届“全国百佳心理委员”称号。

2022 年 12 月，组织 2022 级心理委员及其他年级新任心理委员（含本科生与研究生）参加岗前培训和高校心理委员工作平台的心理委员 MOOC 培训。

107. 河海大学心理委员工作展示

刘取芝　　靳　易

2022 年 9 月，河海大学心理委员联合会并入助心工作室，成立心理委员联络部，形成学校心理委员管理体系。

2022 年 10 月，针对已上岗本科生及研究生心理委员开展主题为“心理委员对心理危机的识别与应对”的进阶培训。

2022 年 11 月，开展 2022 年度新任心理委员岗前培训，此次培训在线下举办；同时组织心理委员参加高校心理委员工作平台的 MOOC 培训。经考核，共 379 名新任心理委员获得合格证书。

2023 年，在“3·20”、“5·25”活动期间，指导班级心理委员开展心理班会、心理情景剧比赛、心理微电影比赛等系列心理主题活动。

2023 年 4 月，心理情景剧《“凡”心事》获江苏省高校心理情景剧大赛一等奖。

2023 年 3 月至 4 月，配合江宁大学城心理健康教育研究中心，开展心灵朗读者、心理微电影、心理主题征文、心理漫画或心理海报设计、趣味运动会、脱口秀等心理主题活动。

2023 年 5 月，组织各班级开展校园“最美笑脸”评比活动，并择优报送至高校心理委员工作平台参加全国高校比赛。

2023 年 5 月，开展 2023 年“优秀心理委员”和“十佳心理委员”评选活动，评选产生 71 名“优秀心理委员”和 12 名“十佳心理委员”。

2022 年 11 月初至 2023 年 4 月底，由心理委员联络部组织开展了四期“茶话心委”系列沙龙活动，80 余名心理委员和 50 余名关注心理健康教育工作的学生参加。

2023 年 6 月，心理情景剧《追逐星星的你》获全国第六届全国高校心理情景剧优秀剧目展演二等奖。

108. 广西卫生职业技术学院心理委员工作展示

陶清妍

2022—2023 学年，广西卫生职业技术学院共有心理委员 398 名、朋辈心理辅导团成员 70 名。2022 年秋季学期及 2023 年春季学期对全体心理委员进行培训，2022 年秋季学期面向全校公开招聘朋辈心理辅导团成员 30 人，2023 春季学期对朋辈心理辅导团成员进行心理委员倾听能力评估训练。朋辈心理辅导团在 2023 年“3·25”心理健康教育季活动中，带领全体心理委员开展心理健康教育系列活动。

109. 毕节幼儿师范高等专科学校心理委员工作展示

李运　高阳　田芸

学校注重包括心理委员、朋辈倾听员在内的朋辈团队的培养，每学期都培养大约 150 余名朋辈成员。在技能增强方面，本学期组织心理委员参加全国高校心理委员工作平台 MOOC 培训；每周进行一次模拟演练，通过真实情景模拟演练的方式提高心理委员的人际沟通、风险识别等专业能力。在团队建设方面，多路径增强团队凝聚力，每月组织一次以心理委员为中心、面向全校学生的心理健康教育活动；每学期开展一次团队素质拓展活动和大学生常见心理问题专题宣传讲座，并选定一个主题进行心理情景剧排练。

学校以朋辈团队为组织主体，引导并全面发挥朋辈团队在学校心理健康教育工作中的积极作用。自 2021 年学校心理健康俱乐部心理朋辈团队进行首次文化展示起，在每年的心理健康教育宣传月心理朋辈团队都会与班级心理委员一起组织开展班级团建、心理电影赏析、问答采访、主题班会、趣味游戏等活动，吸引全校学生积极参与。

学校依托学生朋辈团队，将育德育心有机融合，引导学生从耻于提及自身心理困扰到主动提高自身心理素质，吸引了越来越多的学生主动参与到校园心理生态圈的建设中来。

110. 浙江树人学院心理委员工作展示

严伟伟　　周晓优

学校高度重视心理健康教育四级预警网络体系的建设，其中心理委员队伍是获取心理危机信息、进行心理危机预防与干预工作的重要一环。当前，学校已建设了一支优秀的心理委员队伍和一套完善的培养、评优体系。学校在各二级学院建立心理辅导站，同时成立心理发展服务部。心理发展服务部主要由班级心理委员、宿舍心理信息员构成，协助心理辅导站开展相关工作。心理辅导站指导心理委员开展院级心理健康教育宣传活动，宣传心理健康知识。各二级心理辅导站组织心理委员开展素质拓展活动，增强心理委员队伍的凝聚力。校心理健康教育中心邀请专家，结合高校心理委员工作平台举办线上线下相结合的专业知识培训，提高心理委员队伍的知识水平。2022 年度共 600 余人参加培训。二级心理辅导站与心理健康教育中心定期对心理委员进行考核，同时根据考核情况选拔优秀心理委员进行表彰，以增加心理委员的自我认同感，调动心理委员的工作积极性，进一步提高心理委员的工作水平。

111. 忻州师范学院心理委员工作展示

王　琴

作为“学校—系（院）—班级—宿舍”四级心理工作体系中的重要一环，学校心理健康教育中心坚持做好队伍建设，组织475名心理委员参加心理委员MOOC培训并全部取得合格证书，同时安排部分心理委员参与中心接待、值班、值周工作，逐步形成心理委员负责人会议两周一次，心理委员全体会议一月一次的制度，织密织牢每班男女各一名班级心理委员、每个宿舍一名宿舍心理信息员的危机预警网络。在疫情防控期间，心理委员队伍充分发挥心理委员预警作用，及时发现、有效化解了多起重大危机事件，有效保障了校园安全和学生健康。

在2023年第十四届“5・25”大学生心理健康教育月期间，心理委员宋柯林入选“最美笑脸”评选活动全国百强。学校开展的心理健康教育中心吉祥物形象设计征集、网络投票活动圆满成功；举办的系列心理健康教育讲座、团体辅导活动受众多、覆盖面广，起到了普遍教育的作用；开展的毕业生专项心理关注行动、支教实习生心理测评等工作，通过重点学生报告、朋辈互助、家校联系等方式，帮助学生及时纾解情绪，保障校园生活安全。

112. 浙江工业职业技术学院心理委员工作展示

武俊儒

学校心理健康教育工作以“越匠精工，育心铸魂”为核心，建立了“匠・心”心理健康教育工作体系；以“匠人・求精”为理念，打造学校心理健康教育育人队伍。在学校心理健康教育育人队伍中，学生心理育人队伍是学校开展各项心理健康教育工作的重要组成部分。学生心理育人队伍共四级，即大学生心理委员会、二级学院心理部、班级心理委员、寝室心理信息员。班级心理委员是四级学生队伍中的重要一环。学校在每年秋季学期对班级心理委员开展系列培训，包括心理委员基础知识的讲授和心理助人技能的实操演练。班级心理委员培训结束经过考核合格后，持证上岗。为提升班级心理委员的归属感和荣誉感，营造积极的朋辈互助氛围，学校每年开展心理委员助人案例征集评选活动，对于优秀的心理委员助人案例，经整理汇编，向全校心理委员分享。目前学校已形成 5 本《心理委员助人案例集》，极大地提升了心理委员的助人热情。对于优秀班级心理委员，学校在每年春季学期对其开展素质拓展提升培训，进一步提升其心理助人能力。在发挥班级心理委员作用方面，学校每月开展班级心理信息上报工作及心理委员座谈会，以了解全校学生的心理健康状况。心理委员作为学校心理健康教育工作的重要参与者，势必在今后的工作中发挥越来越重要的作用。

113. 吉林铁道职业技术学院心理委员工作展示

刘晓佳　王　爽

学校自 2011 年设立心理委员以来，在心理健康教育工作上扎实推进，建设“学校—学院—班级—宿舍”四级心理健康教育工作网络，并将心理委员工作纳入学校创先争优评选表彰工作。

学校心理委员专题培训班采用线上与线下、团体辅导与面授课程相结合的方式进行。线上培训依托全国高校心理委员工作平台 MOOC 培训和学校心理健康教育中心微信公众平台“雏鹰心语”进行，线下培训由学校心理健康教育中心教师主讲。

为了提高心理委员队伍的专业能力，2022 年 3 月至 4 月，学校开展多场线上心理委员技能提升培训。2022 年 11 月 18 日至 25 日，学校心理健康教育中心举办了心理委员专题培训班，2022 级全体心理委员参加了此次培训，全体心理委员通过综合测试并获得了心理委员 MOOC 证书和心理疗法 MOOC 证书。2022 年 11 月初，学校心理健康教育中心组织心理委员学习全国高校心理委员研究协作组编著的《心理委员标准化教程》和学校的《心理委员工作手册》。2022 年 12 月 1 日、2 日，在第十七届全国高校心理委员工作研讨会暨朋辈心理辅导论坛上，学校东北亚高铁学院 2020 级心理委员王丹阳、铁道机车学院 2020 级心理委员范城磊获得第五届“全国百佳心理委员提名奖”。

114. 大连大学心理委员工作展示

姜立君　　张　莉

2022 年 10 月，学校开展新生班级心理委员的选拔工作。选拔采用老师或同学推选与学生自荐相结合的方式进行。为了保证心理委员队伍的整体质量，学校专门制定了心理委员的选拔标准和任职条件，对心理委员的人格特点、道德品质和学习成绩都做出明确规定。

学校从三个方面面向全校心理委员开展培训。对全体新生心理委员开展培训，帮助新生心理委员明确工作职责；邀请大连市第七人民医院的心理专家为全校心理委员开展“大学生常见心理疾病的识别”专题培训，共 500 余人参加了此次培训；组织心理委员参加高校心理委员工作平台的心理委员 MOOC 培训，近 200 人获得了合格证书。

班级心理委员密切关注班级同学的心理动态，在心理危机识别与反馈方面发挥了重要作用。另外，心理委员也是落实全校心理普查、“5・25”心理健康节活动，组织班级心理班会的主要力量。2023 年 5 月，学校心理健康教育中心组织开展了 2022—2023 学年优秀心理委员评选工作。

在心理委员队伍的基础上，学校建立了大学生朋辈心理互助队伍——心理委员联盟。心理委员联盟为全校各类学生组织定期举办心理行为训练，定期开展心理读书会，宣传心理健康知识，营造积极健康的校园心理文化氛围。

115. 重庆师范大学心理委员工作展示

罗　姝　　赵秀娟　　张兴瑜　　古　淼　　陈　娟

2021 年 9 月至 2022 年 1 月，共 560 名心理委员参与了学校心理委员连续培训项目。该培训项目共 2 学期，以《心理委员的基础知识与实用技能》教材为基础，内容包括基础知识、团体辅导、主题班会、系列活动、倾听专项训练等 5 个方面，共 400 人获得了培训合格证书。经本人申请、各学院推荐、学校择优遴选，共 91 名心理委员加入校级学生组织“大学生朋辈心理咨询团”。通过学院评优推荐，学校评选出 10 名校级“十佳心理委员”，其中 2 人荣获“全国百佳心理委员”称号,1 人成功竞选成为全国高校心理委员论坛副主席。

116. 山西工程科技职业大学心理委员工作展示

李荣风

2022 年 3 月,学校建立心理委员信息上报机制,要求心理委员在开学第一周周末、第十八周周末以及每月 25 日前上报本班学生心理动态,每学期定期开展至少 3 场心理健康教育活动。2022 年 5 月,学校开展心理委员“携手疫情,一起正念”心理健康讲座。各二级学院心理站累计开展班级心理委员团体辅导、心理委员培训 28 次,开展问卷调查 6 次、线上讲座 10 余次、团体辅导 34 次、文体活动 10 次,举办心理健康教育月系列活动、首届校园心理剧大赛、首届心理微电影大赛、第二届校园心理剧大赛、山西省第三届心理剧大赛等心理类特色活动 55 项。2022 年 9 月,学校将宿舍长纳入四级预警网络体系中,要求心理委员每周及时与各宿舍长联系,了解各宿舍学生的心理情况。2022 年,学校组织全校 475 名心理委员参加心理委员 MOOC 培训,基本做到 2021 级 100% 覆盖、2020 级 95% 以上覆盖, 2019 级 85% 以上覆盖。2022 年 10 月,学校面向全校心理委员开展培训 2 次,累计覆盖 700 余人次;建立学习通课程,要求心理委员完成学习通相关内容学习;开展新生适应性团体辅导 18 次,累计 720 余人参与。2022 年 11 月,学校开展优秀心理委员评选工作,共评选出优秀心理委员、优秀心理健康联合协会学生心理骨干 125 人。

117. 北京电子科技学院心理委员工作展示

李亚兰

2023 年 1 月 4 日,北京电子科技学院举办 2022—2023 学年第一学期心理委员工作总结会,全校近 80 名心理委员就个人与班级同学沟通情况、班级同学向心理委员主动寻求帮助等情况做了报告与总结。

2023 年 4 月至 5 月,北京电子科技学院对全院的本科生和研究生的心理委员进行了培训。

2023 年 6 月 5 日,北京电子科技学院举办 2022—2023 学年第二学期心理委员工作总结会，全校近80名心理委员就个人与班级同学沟通情况、班级同学向心理委员主动寻求帮助等情况做了报告与总结。

118. 西安电子科技大学心理委员工作展示

丁兰艳

2023年4月6日，为提升心理委员的感悟沟通能力，发掘自身潜能，通信工程学院团委“心晴社”邀请心理健康教育中心的丁兰艳老师开展了以“用心守护，你我同行”为主题的心理委员培训活动。

2023年5月22日，为帮助学生树立“认识自我、悦纳自我、发展自我”的成长意识，促进心理委员更好地发挥朋辈助人自助作用，心理健康教育中心武成莉老师以“心向阳光，健康成长”为主题，对全校心理委员开展心理健康培训。

2023年5月23日，为加强学校班级心理委员队伍建设，更好地发挥心理委员的引领作用，促进学校心理健康教育工作的发展和完善，心理健康教育中心张宁老师对全体大一心理委员开展“助人自助，健康成长”主题讲座。

2023年5月13日，学校“罗森塔尔说得对”代表队参加第六届陕西高校大学生心理健康科普知识竞赛，在参赛的83个高校代表队中脱颖而出，成功晋级决赛，并在2023年6月2日的决赛中获得一等奖的佳绩。

2023年5月25日，学校心理健康教育中心联合各书院、学院举办“明媚青春 向阳而生”大学生“5·25”心理健康节，面向全校学生开展30余场趣味活动，参与学生3 000余人次，帮助学生放松身心、释放压力，引导学生关注自身的心理健康和心灵成长。

119. 天津商业大学心理委员工作展示

李积鹏

2022年6月至2023年5月，天津商业大学依托《天津商业大学2023年心理委员选拔、培养、考核》“一体化”方案，扎实开展各年级心理委员“选、育、用、评”各项工作。

2022年9月，学校完成2022级心理委员选拔工作。2022年10月，2022级

318 名新生心理委员完成线上心理委员 MOOC 培训。2022 年 11 月，侯楠同学参加天津市第六届心理委员职业技能大赛，获三等奖。2022 年 12 月，侯楠、周佳梅同学获得第五届“全国百佳心理委员”荣誉称号，周佳梅同学当选全国高校百佳心理委员论坛副主席，郭霞祯同学获第五届“全国百佳心理委员提名奖”。2023 年 3 月，学校邀请天津大学詹启生教授、天津师范大学于馨老师对 318 名新生心理委员开展线下培训。

2023 年 5 月，学校举办第六届心理委员职业技能大赛，由天津医科大学、天津工业大学、天津财经大学、天津职业大学、天津农学院等高校心理中心主任担任评委，通过理论考试、情景模拟、案例分析等环节决出一等奖 1 名，二等奖 2 名，三等奖 3 名。第三届“架心灵桥，做知心人”心理委员线上交流活动同期举办。2023 年 5 月，学校依托学生朋辈力量，排练的心理情景剧《不负青春债》在第六届全国高校心理情景剧优秀剧目展演中被评为优秀剧目。

120. 河北工业大学心理委员工作展示

吴　涛　　罗葆青　　李梓萌

为加强朋辈互助队伍建设，推进心理委员全覆盖，在本科生群体中以班级为单位设置 2 名心理委员，在研究生群体中以研究团队为单位设置 1 名心理委员，填补研究生群体朋辈互助的空白。

学校以各学院班级心理委员为主要力量组成的二级学生心理社团为依托开展各项心理活动，现有心理委员 1 371 名。学校对心理委员进行岗前培训，包括“常见心理问题识别及应对”“心理危机预警与干预”“朋辈心理咨询技术与原则”等专题模块，并对培训合格的心理委员颁发结业证书。此次培训覆盖了 3 296 人次。班级心理委员坚持常态化月汇报制度，每月在系统中上报班级同学状况以及开展的班级心理工作情况，协助辅导员重点关注、密切观察、定时追踪异常情况，并及时向辅导员和心理健康教育中心上报。

为加强心理委员工作经验的共享与交流，提升心理委员队伍的专业化水平，每年 11 月，心理健康教育中心联合各学院，组织开展“十佳心理委员”评选活动，并对年度“十佳心理委员”进行专访，供广大学生学习。

2023 年，在天津市“5・25”学生心理健康月“心启航·心力量”第三届大学生心理文化创意产品设计大赛中，建筑与艺术设计学院王贵宇、郭鸿飞、林艺同学设计的《暖暖仔》获得手工作品 / 产品设计类一等奖，建筑与艺术设计学院张鹏同学设计的《梦想·真我·勇敢》获视觉传达类二等奖。2022 年 11 月，章延泽、张文蕾荣获第五届“全国百佳心理委员”称号，孙烨璇获第五届“全国百佳心理委员提名奖”。

121. 长春工业大学心理委员工作展示

张丽波　　赵　君

长春工业大学心理委员是学校六级心理工作队伍中的重要组成部分，是学校心理育人的重要力量。2022 年，学校 500 余名心理委员在大学生心理健康教育与咨询中心和学院心理辅导站的指导下，依托“知心、养心、舒心、安心、定心”五心育人工程，积极开展工作，在校、院、班等层面都取得了良好的成果。在班级层面，心理委员及时开展危机零报告、重点关注学生帮扶、朋辈心理谈话等工作。在学院层面，心理委员定期参加相关会议，落实、研讨、总结心理工作。在学校层面，心理委员不仅积极参与活动，而且扎实加强队伍自身建设，2022 年 3 月至 6 月，全校心理委员积极参与各项心理工作，为维护学生的身心健康付出了心血。2022 年 5 月 15 日，学校组织“‘阳光心态 疫路成长’‘5 · 25’大学生心理健康教育活动月启动仪式暨 2021 级心理委员培训会”。2022 年 11 月 18 日，学校举办 2022 年度校“十佳心理委员”评选、第五届“全国百佳心理委员”推选会。2022 年 12 月，段舜宇同学荣获第五届“全国百佳心理委员”称号，邹昕钰同学荣获第五届“全国百佳心理委员提名奖”，同时，两位同学参加了第十七届全国高校心委工作研讨会暨朋辈心理辅导论坛。总体来看，学校心理委员以朋辈辅导、服务学生为己任扎实开展工作，为心理育人做出了积极贡献。

122. 南京师范大学心理委员工作展示

郜俊雅

2022 年 9 月至 2023 年 6 月，南京师范大学着力健全完善“学校—学院—班级—宿舍”四级预警网络。为进一步提高大学生心理健康工作的针对性和有效性，全方位做好大学生心理健康的预防和教育工作，学校大学生心理咨询中心面向全校各学院选拔心理气象站成员，各班级选拔心理委员，各宿舍选拔心理气象员。同时，学校大学生心理咨询中心积极落实学校网格化管理要求，培育优秀学生党员、主要学生干部成为心理工作网格员，细化心理危机预警机制，打通心理工作“最后一公里”。

深入开展心理委员培训工作。学校大学生心理咨询中心分为春秋两季，通过专题讲座、团辅培训、主题沙龙相结合的方式，邀请校内外专家、专职老师、心理辅导员骨干和心理学院研究生骨干作为培训师资，开展为期 30 周，共 20 学时的新生心理委员培训，参训学员 342 人。

以评促建，激发心理工作活力。2022 年 10 月，学校举办新生破冰心理主题班会大赛，以班级为单位，以心理委员为主体，通过班会形式帮助新生班级快速建立关系，加强班级内部连结，增强班级凝聚力。2022 年 11 月，学校举办心理知识竞赛，班—院—校联动，在学生中掀起了心理知识学习热潮，以赛促学，向学生普及心理健康知识。

123. 岭南师范学院心理委员工作展示

李静娴

2022 年 5 月下旬，学校组织心理委员评优活动，评出校级优秀心理委员 48 人，校“十佳心理委员”10 人。2022 年 11 月，学校“十佳心理委员”梁淑萍、谢涛森分别获得第五届“全国百佳心理委员”称号和“全国百佳心理委员提名奖”。2022 年 3 月至 4 月、10 月至 11 月，心理健康教育与咨询中心对大一心理委员进行大学生心理健康教育培训。2022 年 9 月至 10 月，心理健康教育与咨询中心教师为朋辈队伍开展系列心理咨询技能培训。2022 年 3 月至 12 月，朋辈咨询员开展“以德润心”系列推文写作活动，并定期在心理健康教育与咨询中心微信公众号上发表。2022 年 1 月至 12 月，心理健康教育与咨询中心通过各年级心理委员工作微信群，每周固定推送心理科普、心理体验类原创文章各 1 篇，并要求心理委员转发至本班微信群进行宣传教育。2022 年，100 余名心理委员参加全国高校心理委员工作平台的 MOOC 培训。

124. 井冈山大学心理委员工作展示

戴益信

井冈山大学每个班级设 1 名心理委员，负责班级心理健康知识宣传和班级学生心理健康状况报告，协助学校和学院（部）开展心理健康教育活动和大学生心理危机干预工作。心理委员由学生本人自愿申请，班级推荐，学院（部）审批选拔产生，由学院（部）负责管理，学校心理健康教育与咨询中心负责培训和考核。目前，学校共有 508 名心理委员。

井冈山大学着重加强两项培训，以提高心理委员专业素养和业务能力。一是组织心理委员参加心理委员 MOOC 培训，并对取得合格证书的学生给予第二课堂学分认证；二是大力开展心理委员线下培训，2022 年心理健康教育与咨询中心相继对新生心理委员开展了“心理委员工作及职责”“大学生心理健康与心理异常”“大学生心理危机预警与干预”3 场知识讲座。2023 年 3 月，学校邀请了校外专家对全校心理委员开展了“大学生恋爱心理”专题知识讲座。根据《井冈山大学学生奖励实施办法》要求，2023 年 5 月，学校开展优秀心理委员评选和学校“十佳心理委员”评比，陈佳怡等 20 名心理委员获井冈山大学“优秀心理委员”称号，陈佳怡、韩嘉莉等 10 名心理委员被评为“十佳心理委员”。

125. 宁夏大学心理委员工作展示

秦　莉　　冯海如

2022 年 1 月至 4 月，学校心理健康咨询中心组织全校大一至大四年级心理委员、宿舍信息员共约 3 500 人参加了全国高校心理委员工作平台的 MOOC 培训，239 名同学取得心理疗法 MOOC 培训合格证书，2 639 同学取得心理委员 MOOC 培训合格证书。11 月 6 日至 3 日，学校组织全校心理委员参加宁夏回族自治区教育厅举办的“高校班级心理委员工作技能提升”培训。11 月 24 日至 12 月 1 日，学校面向全校心理委员开展了“班级心理学院工作技能系列培训”。

126. 闽南师范大学心理委员工作展示

王品卿

闽南师范大学秉持“助人自助”的工作理念，发挥自我教育与朋辈教育优势，通过“朋辈心理工作队伍养成计划”，建立一支由朋辈心理辅导员、自助中心学生干部队伍、班级心理委员、宿舍心理信息员组成的四级朋辈心理互助工作体系。2022 年 9 月至 2023 年 6 月，学校面向 501 名本科生和研究生班级心理委员开展 8 次培训。培训内容主要包括班级心理委员的工作职责、角色定位，心理问题识别，心理危机的特征、识别及简单的干预方法等，既有贴近大学生实际的案例分析与探讨，又有互动的团体辅导，以帮助班级心理委员掌握必要的心理辅导的理论和技能，更好地发挥班级心理委员的“自我教育、自我管理、自我服务”作用。此外，学校还组织本科生和研究生班级心理委员参加朋辈心理技能大赛，通过初赛心理学基础知识考察、复赛案例分析以及决赛心理辅导情景模拟等多种形式提升朋辈心理互助服务水平，以赛促学、以赛代练，促进朋辈相互支持与陪伴，提高朋辈自助及互助能力。

127. 西南石油大学心理委员工作展示

刘 莉

2022 年 4 月，心理委员举办了“3・25 善爱我”心理游园会，同时参加了学校新场地体验活动。学校新启用了 600 平方米标准化心理功能室、800 平方米室外活动场地，引进了心理自评系统、宣泄击打、VR 模拟、生物仿真、音乐放松等更加专业的设备，为朋辈辅导工作提供强有力的保障。

2022 年 4 月至 6 月，心理委员撰写剧本，组织并发动同学参加学校“5・25 我爱我”第十五届校园心理情景剧大赛。作品《何以为家》在此次学校比赛中获得一等奖，并参加第五届全国高校心理情景剧大赛，最终获评“全国十佳剧目”。

2022 年 4 月至 6 月、9 月至 11 月，学校举办朋辈心理沙龙。沙龙以学校心理健康教育实践活动“一年四季 用心关怀”为宗旨，不断提升朋辈心理骨干组织活动的水平和质量。

2022 年 11 月,学校举办校第十一届心理微视频大赛。一等奖作品《戏里戏外》在第二届全国高校心理微电影优秀作品展中获优秀作品奖。

2022 年 11 月至 12 月,学校举办心理委员技能大赛,比赛分初赛、复赛两阶段,考查基本心理知识、心理活动设计、案例分析三部分内容。赵若英同学荣获一等奖。

2022 年 11 月,研究生心理委员廖子倩荣获第五届“全国百佳心理委员”称号,宋鑫、施佳利获第五届“全国百佳心理委员提名奖”。

128. 武汉工程大学心理委员工作展示

史梦璐

学校心理委员接受学院心理工作站、学校大学生心理联合会和心理健康教育中心的管理。学校各个年级均建立心理委员 QQ 群,由心理健康教育中心教师进行统一管理,安排集中培训、交流日常遇到的问题、进行心理活动和心理知识的宣传。

心理健康教育中心对本科生和硕士生心理委员进行全覆盖的集中系列培训,并将心理委员 MOOC 培训纳入培训体系。系列培训包括心理委员职责定位、同辈咨询技术、心理疾病识别、自杀危机的识别与预防、心理班会的开展。

学校心理委员评优体系包括三部分。学院进行优秀心理委员评选、“十佳心理委员”评选,择优推荐学生参加“全国百佳心理委员”评选。各学院和心理健康教育中心组织丰富多彩的心理健康活动,如心理情景剧、知识竞赛、心灵讲坛等,并举办面向心理委员的心理主题班会大赛、“微光从心”同辈心理微课堂大赛。

学校还不断探索特色工作方式。心理委员每个月制作月历心意卡片,通过卡片的方式和同学们建立感情,宣传心理知识;心理委员向寝室长进行心理危机宣讲,提高寝室长危机识别能力;成立“猫鼬部落”同辈心理研究小组,进行心理知识宣传与同辈辅导。

129. 浙江理工大学心理委员工作展示

浦晓黎

浙江理工大学自2005年开始全面设立班级心理委员，班级心理委员须经严格培训、持证上岗。经过近二十年的探索，心理委员在基层预警、心理育人活动、朋辈支持等方面发挥着重要的作用。学校规范开展心理委员课程培训工作，所有心理委员必须接受不少于4次的系统课程培训，内容包括情绪问题识别、个体成长、团体辅导、实践练习等，考核合格才能“上岗”，每年邀请校内外专家集中授课10余场。近年来，学校还依托全国高校心理委员工作平台，以翻转课堂学习的形式，开展心理委员工作能力进阶认证，编印心理委员工作手册，长期坚持心理委员“工作联系单”“班情分析表”“成长手记”等定期工作汇报制度。学校充分发挥心理委员的主体性和朋辈引领作用，开展浸润融合式心理辅导，将情商实践、艺术体验、体育运动、劳动实践等多种形式融入心理健康教育，开展心理委员技能大赛，通过心理主题班会、班级团体辅导等，促进心理委员在共创心理健康活动资源，构建积极互动实践平台中发挥重要作用。学校心理情景剧大赛、情商社会实践、情商工作坊等特色品牌活动都在班级层面生根开花。

130. 贵州财经大学心理委员工作展示

李　丽

2022年，学校多维发力，全方位加强心理委员队伍建设，充分发挥学生朋辈心理辅导在心理健康教育中的主体作用，高度重视心理委员队伍的品牌化、科学化、标准化和规范化建设，致力于促进心理委员、观察员、信息员、宣传员、陪护员等多重角色融合，形成完善的评优激励机制。近些年，学校致力于打造心理委员“准专业化”提升工程培训体系，培训内容包含2次基础知识讲座、8个学时素质拓展、32学时易班平台培训及认证考试四个环节。持证上岗的心理委员具备基本的心理健康知识、一般的共情能力以及“准专业化”的心理陪护能力，在实际工作中积极推动各班级心理健康服务工作及朋辈心理互助工作的有效开展。今后学校心理健康教育工作需在以下几个方面进一步完善。第一，强化心理健康四级防御机制网络建设，将心理健康工作延伸到宿舍，做到心理工作无死角；第二，夯实学院二级心理辅导站建设，加强学生心理工作队伍的分层化建设，将心理健康教育工作下沉，带动班级心理委员及宿舍心理信息员开展工作；第三，促进各高校之间进行心理委员学习及实践工作的交流合作，不断推进高校心理服务体系建设；第四，增强心理委员的社会服务意识，鼓励并创造条件让心理委员走出班级和校园，服务社会。

131. 安庆师范大学大学心理委员工作展示

夏寅生　贾　涛

2022 年 4 月，安庆师范大学举行 2022 年度心理委员培训，培训分为线上理论培训和线下团体辅导培训，全校 555 名心理委员参加。

2022 年，学校以“5·25 心理健康节”和“10·25 新生心理适应周”为契机，在 3 月至 5 月，10 月至 12 月连续开展心理健康教育主题系列活动，包括心理健康知识宣传、心理健康趣味活动、校外心理健康服务等，受到了广大师生的广泛认可。

2022 年 10 月，学校举行第一届校园“十佳心理委员”评选，得到广大心理委员的广泛支持。学校从“十佳心理委员”中推荐两名同学参加“全国百佳心理委员”评选，一人获“全国百佳心理委员”荣誉称号，一人获“全国百佳心理委员提名奖”。

学校组织心理委员编排心理情景剧参加第五届全国高校心理情景剧优秀剧目展演，展演作品被评为百佳剧目。

132. 上海第二工业大学心理委员工作展示

宋　娟　张凤姣

上海第二工业大学心理健康教育工作注重系统谋划，强调整体推进，坚持育心育德结合、发展干预并重，坚持“五位一体”心理育人，全方位构建心理育人工作体系，重视心理委员工作，不断创新、拓展朋辈教育工作模式。

持续加强队伍建设，促进心理委员工作技能提升。2022 年春季学期，学校开展朋辈学生干部沟通技能培训。2022年秋季学期,学校依托全国高校心理委员工作平台,对236名心理委员和朋辈学生干部开展技能培训。2022年9月,学校举办心理委员技能大赛,展示心理委员风采。心理委员施嘉蓉参加2022年上海市心理委员技能大赛并荣获入围奖,学校荣获优秀组织奖。施嘉蓉、王亮同学分别荣获第五届“全国高校百佳心理委员”称号与“全国高校百佳心理委员提名奖”。

强调朋辈互助成长,丰富校园心理文化活动形式。学校发挥朋辈学生的独特作用,开展相约朋辈系列活动;打造“你好,星期五”主题分享会品牌活动,为心理委员、寝室长等提供资源支持;开展朋辈“友伴互助”志愿服务,由受过专业培训的志愿者面向社会支持系统较弱的学生提供心理陪伴与支持。心理委员依托心理健康活动月,结合学校劳动教育特色,开展300余场主题班会。朋辈学生干部组织开展100余场活动,参与学生2.6万人次。学校心理健康教育与咨询中心微信公众号文章阅读量达5.29万人次。

133. 四川大学心理委员工作展示

2022年9月至2023年5月,学校组织全体2022级新生心理委员及学生骨干参加全国高校心理委员MOOC培训,共有2 838名心理委员及学生骨干参加。通过培训提升了心理委员工作能力,充分发挥了朋辈心理的帮扶、互助作用。2023年3月至4月,学校在望江校区和江安校区分别开展心理委员倾听能力训练营,36名心理委员参训。另外,2023年5月25日,学校对“四川大学2022年度心理健康教育先进个人(学生)”进行表彰,共表彰40名学生,进一步发挥了学生的典型示范作用。

134. 西南财经大学心理委员工作展示

许晓卉

西南财经大学深入学习和全面贯彻习近平新时代中国特色社会主义思想,深入实施“时代新人铸魂工程”,不断完善朋辈心理自助互助体系建设。

完善体制机制。学校先后出台《学生朋辈心理自助互助工作队伍管理指导意见》和《西南财经大学学院心理工作站建设标准》，建立“校—院—班”三级学生心理骨干工作队伍，搭建学生心理骨干队伍工作交流平台，实现学习、活动资源共享和工作协作交流。

加强能力培养，常态化学生心理骨干培训。学校在疫情防控期间通过“云讲座”和“小团体”平台开展“学生心理危机管理与心理调适”“心理委员的职责与成长”“常见心理问题的识别与干预”等专题讲座，参与学生 1 500 余人次。

创新实践活动，营造积极心理氛围。学校继续指导、资助第 7 期和第 8 期“大学生心理健康教育朋辈特色项目”115 个，培育了一大批以图、影、音等为载体的知识宣传活动和竞赛、素质拓展、绘画、手工、烹饪等心理实践活动。

选树工作典型，加强示范引领。学校表彰优秀的心理工作学生团队和个人，评选出“优秀学生心理干部”77 人、“优秀学生心理干部十佳先进个人”10 人、“优秀学生心理团队”10 支。心理委员秦东宇、杨添奥分获第五届“全国百佳心理委员”荣誉称号和第五届“全国百佳心理委员提名奖”。

135. 上海理工大学心理委员工作展示

杨　颎

2022 年 1 月 1 日至 12 月 31 日，学校面向心理委员开展专题培训 15 场，共有 1 500 余人次参与。内容涵盖心理委员职责定位、大学生常见心理问题及处理、团体辅导实务等。这些专题培训提升了心理委员队伍助人胜任力。

学校依托春、秋两季心理健康教育活动月，组织心理委员和心理协会成员开展朋辈心理活动 83 场，学校及其附属教育系统及上海各高校 100 000 人次参与其中，获得 2022 年度上海学校心理健康教育活动月优秀组织奖。这些活动提高了心理委员实践育心能力。

疫情防控期间，学校组织心理委员队伍创造性地开展“没有人是一座孤岛”人际支持团体活动，全国 24 所高校 100 名学生参与，给学生提供朋辈支持；20 名心理委员参与“疫路愈心”线上心理支持服务；“全国百佳心理委员”卓越通过上海新闻广播“直通 990”节目介绍朋辈战“疫”生活，从朋辈的视角为同学提供帮助。

2022 年，学校评选出“优秀心理委员”40 名，校级“阳光先锋”优秀朋辈心理工作者 50 名。2 名心理委员荣获“全国百佳心理委员”称号及“全国百佳心理委员提名奖”。1 名心理委员被评为上海第二届心理委员技能大赛“阳光魅力星”，学校获优秀组织奖。1 名心理委员获 2022 年度上海学校心理健康教育活动月优秀脱口秀二等奖。

136. 河北农业大学心理委员工作展示

张雪婷

学校高度重视心理健康教育工作，尤其以班级心理委员和朋辈心理咨询小组为重要抓手，开展大量心理育人工作。

组织班级心理委员培训。组织 420 余名班级心理委员学习必修课，内容涉及心理委员角色认知、心理委员如何开展班级活动、心理委员的自我成长、心理委员如何开展素质拓展活动、朋辈心理咨询展示培训体验；开展聚“焦”心理委员素质能力提升系列培训 5 场，累计覆盖心理委员 3 500 人次，提升了心理委员的专业知识能力。

开展学生朋辈心理咨询。从大学生心理协会、班级心理委员中选拔形成的朋辈心理咨询小组在校园内开展朋辈心理咨询活动，缓解心理咨询老师的压力、识别心理危机群体，2023 年上半年共接待咨询师生 74 人。

号召心理委员参与各种讲座。组织 1 000 余名心理委员参与“凝聚新能量 筑梦新时代”“成长那点儿事”“女生生理健康”等公益讲座、系列讲座 7 场，覆盖学生 2 万余人次，广泛宣传心理健康教育知识。

组织 2022 级班级心理委员接受培训，指导各班心理委员集中施测、现场答疑，大大提升了心理普查的准确度。

推送的心理剧《摆脱讨好》在第六届全国高校心理情景剧优秀剧目展演中被评为百佳剧目，推送的作品《心连心 手拉手》入选“5·25 最美笑脸”活动百强。

137. 南昌航空大学心理委员工作展示

赵　军　　王　位

为贯彻落实教育部等十七部门印发的《全面加强和改进新时代学生心理健

康工作专项行动计划（2023—2025年）》的通知，学校高度重视心理委员工作，构建大学生朋辈互助体系和以教师为主导、以学生为主体的自助与互助机制，调动学生参与心理健康教育的积极性，促进学生健康成长。

2022年，学校在大学生心理健康教育与咨询中心新设心理委员朋辈辅导室、心理委员团体辅导室，更新大学生心理健康测评软件；对心理委员进行培训，使其掌握心理测量基础知识和科学测评实操能力；在“5·25心理健康节”期间，开展心理委员心理健康系列活动、朋辈辅导心理讲座、团体心理辅导活动等。春季、秋季入学后，大学生心理健康教育中心统一规划，组织全校各班级心理委员参加培训，对各班级大学生进行心理健康普测。学校以心理普查为基础，建立筛查、干预、追踪、监控一体化的预警和干预体系，积极进行心理宣传。心理委员队伍每天遴选1~2篇心理调适方面的高质量文章在微信公众号上进行推送，并及时组织班级学生收看心理辅导讲座。

138. 华中农业大学心理委员工作展示

刘迎新

为积极推进班级心理委员队伍建设，调动心理委员工作的积极性，提升心理委员的心理助人能力，学校于2022年度开展了以下工作。

2022年10月，学校选拔154名新生心理委员；重新修订《心理委员工作手册》并发放，做到心理委员人手一本；邀请校内外专家为心理委员开展“心理委员的工作职责和角色定位”“心理危机的识别与干预”“心理活动的策划与开展”主题讲座。

2022年11月，学校开展“全国百佳心理委员”校内推优工作，最终推荐食品科学技术学院豆鑫代表学校参加全国评选，并获得第五届“全国百佳心理委员”荣誉称号。

2023年4月，学校组织班级心理委员学习全国高校心理委员MOOC培训，邀请校内外专家为学校朋辈队伍开展知识科普讲座及工作实操技能培训。

2023年5月，学校开展第十二届“校级优秀心理委员”选拔工作。经个人申请、学院推荐、集体评议，决定授予郭梦诗等20名同学校级“优秀心理委员”荣誉称号，并予以奖励。与此同时，学校为提升心理委员的实际工作水平，邀请校外专家为心理委员开展“生命教育与自杀预防”“情绪调节与压力管理”专题培训。

2023年6月，学校选送的剧目《计算爱情》在众多作品中脱颖而出，荣获第六届全国高校心理情景剧优秀剧目展演一等奖和最佳创意剧目奖。

139. 河北大学心理委员工作展示

刘　洋　　臧　倩

河北大学不断加强心理委员队伍建设，着力提高大学生朋辈心理关怀的专业性、针对性和实效性。

（1）心理委员成长营。

心理委员MOOC培训。2022年10月，组织全校270名新生班级心理委员参加心理委员MOOC培训并取得合格证书。

心理委员进阶培训。2023年3月，分校区组织270名新生班级心理委员参加心理委员进阶培训。

心理委员成长讲座。2023年5月至6月，开展主题讲座，由北京联合大学黄大庆、首都师范大学赵军燕主讲，共计500余名心理委员参加。

“心委微光”分享会。2023年5月，遴选4名校级优秀心理委员分享班级心理管理工作经验，共计200余名心理委员参与。

“朋辈小屋”线上写作专栏。组建以班级心理委员为核心的撰稿团队，普及心理知识，分享生活感悟，已累计撰写百余篇高质量文章。

（2）心理委员推优评选。

2023年3月，开展第三届“最美倾听者·十佳心理委员”评选，选树优秀心理委员模范榜样。

2023年5月，开展“同心同行·不负春光”第三届精品心理班会评选，打造特色班级心理文化。

140. 中国海洋大学心理委员工作展示

甄　珍　　牟宏玮

学校以学生的健康成长为中心，将校级、院级、班级、宿舍的四级朋辈学生队伍充分调动起来，促进朋辈互助。学生工作处心理健康教育与咨询中心指导学部、各学院（中心）落实建立“四级二阶”朋辈互助心理工作体系。

2022 年秋季学期，学校组织四级朋辈学生参加高校心理委员工作平台的线上认证培训，共计有 1 645 名学生通过认证培训。培训完成后，朋辈学生将在学部、各学院（中心）的组织下进行学习心得的分享交流。

2023 年 3 月至 5 月，学校组织第六届心理剧大赛暨“第六届全国高校心理情景剧优秀剧目展”校内选拔赛，共有 23 支学院代表队参赛，近千名学生参与剧目创作和表演。

为了在全校“四级二阶”朋辈心理互助队伍建设中树榜样、立典型，广泛传播朋辈榜样的先进事迹和优秀案例，学校组织 2023 年度心灵互助“朋辈榜样”评选，全校评选出 26 名“朋辈榜样”，有效促进全校四级朋辈队伍建设。

141. 四川工商职业技术学院心理委员工作展示

刘　晓　　石宇宁　　赵山霞　　王正莉

2022 年 4 月，组织全校心理委员参加首届“十佳心理委员”评比活动，经初赛和决赛的激烈角逐，选出“优秀心理委员”和“十佳心理委员”各 10 名。

2022 年 5 月，以心理委员为骨干，面向全校学生开展“学生心理素质拓展训练营——趣味彩虹跑”“花车巡游”“心理情景剧会演”活动。以上三项活动均为学校心理健康教育工作中的品牌学生活动。

2022 年 6 月，以心理委员为骨干，到兄弟院校开展“一人一故事剧场”巡演。6 月底，开展 2022 年“5・25”心理健康教育活动月表彰大会，表彰以心理委员为代表的学生干部为学校心理健康教育工作做出的贡献。

2022 年 11 月，以心理委员为骨干，面向全校学生，开展“读书悦心”心理读书活动、“园艺疗心”植物创意画活动、趣味心理测评活动以及心理电影赏析活动。

2022 年 11 月，面向全体 2022 级新生心理委员开展以“希望·美好”和“心理危机识别与干预”为主题的培训，帮助心理委员明确岗位角色与职能，提高心理委员对心理问题与危机的识别和干预能力，同时鼓励心理委员自主学习心理委员 MOOC 培训课程。

2022 年 12 月，叶利荣获第五届“全国百佳心理委员”称号。

142. 新乡学院心理委员工作展示

于洪超

2022 年 10 月，学校组织心理委员参加心理普查工作流程培训。心理委员参加培训后，开展班级心理普查工作，了解学生的心理健康状况。2022 年 10 月，大学生心理健康指导中心 5 位教师，深入大一新生班级，对全校 8 117 名新生进行了心理健康知识的宣讲。2022 年 10 月，学校邀请天津师范大学吴婕博士为心理委员和心理辅导员开展主题为“疫情下师生心理成长”的讲座。2022 年 12 月，学校邀请南京大学陈昌凯副教授为心理委员、相关辅导员以及学生开展主题为“找到生活的节奏”的讲座，同时郭晓薇和于洪超两位老师对全校大一新生心理委员进行了相关培训。在 11 月心理健康活动月中，学校心理协会在心理委员的配合下，对全校学生开展了广场心理活动。

2023 年 4 月，学校邀请河南省精神卫生中心刘旭主任医师为心理委员和部分辅导员开展主题为“大学生心理障碍的早期识别”的讲座。2023 年 5 月，学校邀请新乡医学院第一附属医院张朝辉主任医师为心理辅导员和其他辅导员开展主题为“心理辅导员如何提供有效的帮助”的讲座；唐海波教授为心理委员开展主题为“心理障碍的识别与诊断”的讲座。同时在 5 月心理健康活动月中，学校心理协会在心理委员的配合下，对全校学生开展了广场心理活动。2022 年 6 月至 2023 年 5 月，心理委员负责班级学生“心理晴雨表”的周报告工作，并实行零报告制度。在学生心理紧急或危机事件处理过程中，由心理委员发现并上报干预的事件占 68.6%。

143. 遵义医科大学心理委员工作展示

谢国秀

2022 年 10 月至 2023 年 6 月，学校各学院各班级选拔至少 1 名心理委员，建立并实施《心理委员制度》，明晰心理委员角色定位及工作职责。2022 级心理委员全部参加心理委员 MOOC 培训。学校组织全体心理委员参加线下心理技能培训，通过培训提升心理委员的心理技能，发挥心理委员在朋辈互助中的重要作用。

学校建立一套完善的朋辈心理咨询员、班级心理委员选拔、培训、考核及奖励机制，例如“十佳心理委员”、优秀学生干部、先进个人的评选等，提高学生的工作积极性。

2021 年，组织师生参加第十六届全国高校心理委员工作研讨会暨朋辈辅导论坛。2021—2022 年，学校 2 名心理委员分别荣获第四届、第五届“全国百佳心理委员”称号，3 人获“全国百佳心理委员提名奖”。学校将砥砺前行，积极推动心理委员的培育和发展，将心理委员朋辈队伍打造为学校心理育人队伍中的重要力量，发挥朋辈优势，实现助人自助。

144. 新余学院心理委员工作展示

林　麟　　朱阿敏

新余学院实行“校心理咨询中心—院心理部—班级心理委员—寝室心理信息员”四级网络体系。心理委员每学期组织各班开展心理健康教育主题班会、心理素质拓展等活动，定期在班级群或微信公众号上发布心理健康小常识，并每月定期上报班级学生的心理动态。

2022 年 10 月，学校心理咨询中心对 2022 级 160 名班级心理委员开展线上和线下相结合的业务培训。线上培训依托全国高校心理委员工作平台，组织班级心理委员参加心理委员 MOOC 培训；线下培训包括心理讲座、心理沙龙、心理素质拓展活动，使班级心理委员明确自己的工作职责，了解大学生常见心理问题的表现形式，并掌握一些必备的工作技巧等。另外，学校对在 2021—2022 学年中成绩优异、表现突出的20名优秀班级心理委员进行表彰，并颁发证书。

2022年6月，学校选送的作品《神医妙药》在第五届全国高校心理情景剧优秀剧目展演中被评为优秀剧目。2022年12月，在第十七届全国高校心理委员工作研讨会暨朋辈辅导论坛上，欧翠瑛同学荣获第五届“全国百佳心理委员”称号。

145. 湖南大学心理委员工作展示

杨　航　　向雪晴

2022学年，为进一步提升心理委员的胜任力，发挥心理委员在心理健康教育工作中的作用，学校面向心理委员开展了初阶覆盖全员、中高阶提升专业度的系列培训。初阶培训主要组织全体心理委员参加心理委员MOOC培训，中阶培训由各学院心理老师对班级心理委员队伍进行网格化培训，高阶培训则聚焦心理沙龙活动，并由校心理中心老师开展专业能力讲座。

2022年5月，校心理中心举行心理知识竞赛活动，通过初赛和决赛两个赛段的角逐，评选出优秀团队和优秀个人。2022年10月，学校邀请校外主讲嘉宾，开展“小心委，大作为”主题讲座，帮助心理委员提升个人素养和知识水平。2022年11月，学校召开“心征程，心互助”学院心理委员负责人见面会，由校心理中心老师主持会议，解读心理委员负责人的职责和使命。

在“5・25”心理健康节中，学校组织110名心理干部参加校优秀心理委员评选，经过严格选拔，评选出10名“校十佳心理委员”，并对他们的优秀事迹进行广泛宣传。在第五届“全国百佳心理委员”评选中，有2名同学获得第五届“全国百佳心理委员”荣誉称号，1名同学获得第五届“全国百佳心理委员提名奖”。

146. 唐山工业职业技术学院心理委员工作展示

林乃磊

唐山工业职业技术学院在每个班级均设置心理委员，织密心理健康教育网络，筑牢心理危机干预防线，在心理委员管理和培训方面，开展了以下工作。

健全体制机制，加强心理委员管理。心理委员作为班委会成员，在班级建设中的作用不可或缺。在进行心理委员选拔时，辅导员鼓励有助人意愿的学生积极参加，不断充实朋辈心理辅导力量。在二级学院设立心理委员工作站，并指定专人进行心理委员工作安排和人员管理，定期开展心理委员工作交流活动，收集整理学生出现的心理异常情况，同时在严格保障学生隐私的情况下，进行心理危机预警汇报。

开展专业培训，提升心理委员能力。心理委员是朋辈心理辅导体系的主要力量。在工作胜任力提升方面，由心理中心教师开展初、中、高三阶培训，切实提升心理委员的心理疏导技能和朋辈工作素养；在心理社团设立心理委员事务部，建立工作群组，将心理委员作为心理社团成员纳入管理系统；在心理委员沙龙、心理社团成员交流等活动中，加强心理委员的心理归属感，促进心理委员个人心理成长；鼓励心理委员参与心理健康测评、心理活动开展、心理知识宣传等工作，打通心理健康服务“最后一公里”。

147. 江西农业大学心理委员工作展示

张军华　李雪艳　吴　兴　周秀秀　汪振国　杨　劲　李文佳

2022 年，江西农业大学健全完善“学校—院系—班级—宿舍 / 个人”四级预警网络，充分发挥学生心理骨干的职能作用。大学生心理健康咨询中心及时做好干部业务能力培训工作，积极指导学生干部履职担当；深化健全“MOOC 培训 + 专题讲座 + 团体辅导 + 素质拓展”的系统化培训；召开心理委员工作会议 3 次，开展心理委员技能培训 12 期、心理委员团体辅导 2 期、心理委员素质拓展 1 期、寝室心理信息员技能培训 1 期。

心理委员通过日常观察、谈心谈话、班级心理活动等及时发现学生存在的心理问题，开展班级心理活动 100 余次，充分发挥了朋辈心理辅导的作用。学校心理委员实行考核制和评优制，心理委员考核直接与学院年度工作考核挂钩。学校心理委员凌树玉入选 2022 年江西省高校优秀心理委员。

148. 华北电力大学心理委员工作展示

史海松　　石世平

2022 年 1 月至 2023 年 1 月，华北电力大学在北京校部和保定校区分别开设了心理委员培训课程。北京校部开设大学生交往心理课程，保定校区开设心理委员胜任力培养、心理委员实践能力培养课程，课程覆盖 2023 级、2022 级全体班级心理委员。学校面向全体心理委员、对心理学特别感兴趣的小部分群体开展不同等级的培训。2022 年，北京校部针对 2022 级全体心理委员开展团体素质拓展培训。通过素质拓展课程培训，心理委员初步了解素质拓展活动组织的流程，学习掌握组织素质拓展的技巧和方法，获得专业体验，成为素质拓展活动的带领者，同时有助于他们开展班级素质拓展活动，提升班级凝聚力，建立良好的班级心理氛围。学校面向心理委员和心理爱好者开设团体辅导课程，促使他们帮助心理委员落实班级工作。

149. 滁州学院心理委员工作展示

张　瑾

2022 年 3 月，从新生心理委员中筛选 30 名心理委员，组建“遇心助人”素质拓展教练员队伍，开展素质拓展活动。

2022 年 4 月 25 日至 5 月 10 日，举办朋辈小讲堂比赛，共 300 余名心理委员参与，讲课内容包括人际社交、情绪管理、恋爱相处等，最终 8 名选手获奖。

2022 年 5 月 25 日至 6 月 20 日，评选出 30 名优秀心理委员，大学生心理健康咨询中心为他们颁发证书和礼品。

2022 年 6 月，在大学生心理健康咨询中心公众号上，推送优秀心理委员工作日记。

2022 年 9 月至 11 月，组织全体新生心理委员参加全国高校心理委员工作平台上的 MOOC 培训，有 200 余名学生通过考试，并获得合格证书。

2022 年 10 月至 11 月，对 50 名心理委员进行中阶培训，内容包括心理咨询技术和实践演练。

2022 年 11 月，心理委员李瑶叶同学荣获“全国百佳心理委员”荣誉称号。

2022 年 12 月，召开心理委员面对面交流会议，对工作中遇到的问题进行答疑解惑。

150. 秦皇岛职业技术学院心理委员工作展示

胡　铂

2023 年 5 月，学院组织开展第十届“守护心灵、让爱交织”心理委员（宿舍心理信息员）大赛，经过各系初评，共 32 名选手参加学院决赛。大赛设置知识竞赛、工作述职两项考核内容，全面考核心理委员基础知识、专业技能和日常工作。

5 月 19 日，学院举行第十八届“5·25”大学生心理健康活动月暨心委学校培训启动仪式，600 余名班级心理委员、宿舍心理信息员参加，学院邀请校外专家于淑梅老师为大家讲授《大学生时尚礼仪与人际关系》，帮助心理委员和宿舍心理信息员提升人际沟通技巧。

5 月 21 日，学院组织院、系大学生心理健康协会开展了第十届“奔跑吧！心协”户外健走活动，活动设置 4 个签到点和 4 项游戏任务，全院 100 余名心理委员代表参赛。

2022 年 10 月，学院大学生心理健康协会对系、班级心理委员开展新生心理普查培训，各系 100 余名代表参加。

2022 年 11 月，2022 年心理委员培训班开班仪式召开，270 余名班级心理委员、宿舍心理信息员和院系大学生心理健康协会代表参加，会上老师带领心理委员完成高校心理委员 MOOC 线上培训。

2022 年 10 月至 12 月，心理中心举办“10·25”心理健康教育月活动，全院班级心理委员组织召开了心理主题班会，积极发动同学参与“行微善，传大爱”爱心义卖，累计 3 000 余人次参与。

151. 复旦大学心理委员工作展示

周子涵

2022 年，复旦大学心理健康教育中心面向全校心理委员开展了丰富多彩的活动：举办每年一度的优秀心理委员表彰大会，表彰 20 名优秀心理委员；全学年针对新任心理委员开展 32 学时的上岗培训，内容涵盖工作理念及职责、助人技能、异常识别等内容；在秋季学期开展心理委员心理知识网络竞赛，共 300 余人参赛。大学生心理健康教育中心荣获“2022 年上海高校班级心理委员成长训练营暨技能大赛优秀组织奖”。张天仪、赵芷萱荣获第五届“全国百佳心理委员”称号。

“糖心旦”朋辈互助平台以心理委员骨干为核心，着力打造文化品牌，全时段、多校区为学生提供形式多样、层次丰富的朋辈心理互助服务，持续开设系列精品项目，如一对一匿名网络朋辈心理辅导、Tape 提问箱专业回应、Find U 朋辈打卡小组、Touch U 朋辈 OH 卡小组、Meet U 朋辈成长小组、Read U 朋辈读书小组等。为保障朋辈助人工作的专业性，“糖心旦”朋辈志愿者需经过严格选拔并通过 32 学时专业培训、项目见习、案例讨论等。2022 年，“糖心旦”朋辈志愿者团队超百人，全年累计服务 1 000 余小时，3 000 余人次参与。2022 年，“糖心旦”朋辈志愿者团队获得“上海高校活力社团”荣誉称号、“第七届复旦大学五四青年奖章（集体）”荣誉称号等。

152. 新疆大学心理委员工作展示

热娜古丽·艾赛提

2023 年 4 月，学校按照不同年级，分为 5 个主题，对约 1 500 名心理委员进行培训：大一心理委员的培训内容为大学生常见的心理问题与心理委员职责，大二心理委员的培训内容为大学生人际交往，大三心理委员的培训内容为大学生情绪调节和压力管理，大四心理委员的培训内容为团体心理辅导理论和实践，研究生心理委员的培训内容为大学生心理危机的识别与应对策略。培训结束后，各班心理委员在班级开展了知识宣传，并安排班级学生参观了心理健康教育与咨询中心。

2023 年 5 月，学校成功举办了新疆大学第三届心理委员技能大赛，全校 794 名班级心理委员参加初赛，评出 26 名心理委员参加决赛。此次决赛共分为两个环节：自我风采展示与心理案例分析应对。比赛现场，参赛选手充分发挥自身优势，展现了扎实的基本功，特别是在案例分析环节，参赛选手对案例中的问题反应灵活敏捷、分析透彻、解决方案得当，展现了较好的心理素质与临场应变能力。经过激烈角逐，最终评选出一等奖 1 人、二等奖 2 人、三等奖 3 人、优秀奖 10 人。

学校心理委员在协助学院开展活动、关注学生心理动态、建立学生心理健康档案、鼓励学生参加学校层面的心理健康系列活动等方面起到了重要作用，学校将继续做好对心理委员的各项管理和培训工作，让心理委员成为学校心理健康教育工作的骨干力量。

153. 山西工商学院心理委员工作展示

郑伟东

2023 年 3 月，学校完成《山西工商学院朋辈团体辅导指导手册》的编印，心理委员可以通过学习该手册掌握必要的朋辈团体辅导知识和技能。

2023 年 4 月 7 日至 5 月 7 日，学校开展“班级凝聚力”主题朋辈团辅活动，活动由朋辈互助中心成员组织，共有 877 人次参加。团辅活动以朋辈互助的形式帮助各班级提升凝聚力。

2023 年 4 月 23 日至 5 月 17 日，学校组织 2022 级心理委员和宿舍心理信息员参加了全国高校心理委员工作平台心理委员 MOOC 培训，全校共 848 名心理委员取得了合格证书。

2023 年 5 月 6 日下午，学校举办第三届“心之光”朋辈心理辅导技能大赛决赛。本次大赛分为院级初赛、校级复赛和校级决赛三个阶段，全校共有 575 名心理委员和宿舍心理信息员参加，大赛对促进学校朋辈工作的开展起到了重要作用。

2023 年 5 月 7 日至 6 月 7 日，学校开展“人际交往”主题朋辈团辅活动，活动由朋辈互助中心成员组织，共有 156 人次参加。此次活动以朋辈互助的形式帮助学生学会在彼此交往的过程中建立和发展良好的人际关系。

154. 四川工商职业技术学院心理委员工作展示

刘　晓　　石宇宁　　赵山霞　　王正莉

2022 年 4 月，学校组织全校心理委员参加“首届十佳心理委员评比”活动，经初赛和决赛的激烈角逐，选出“优秀心理委员”和“十佳心理委员”各10名。

2022年5月，学校以心理委员为骨干、面向全校学生，分别开展“第十届学生心理素质拓展训练营——趣味彩虹跑”活动、“花车巡游”活动，以及“第十四届心理情景剧会演”。以上三项活动均为学校心理健康教育工作中的品牌学生活动。

2022年6月，学校以心理委员为骨干，到兄弟院校开展“一人一故事剧场”巡演。6月底，开展2022年“5·25”心理健康教育活动月表彰大会，表彰以心理委员为代表的学生干部为学校心理健康教育工作做出的贡献。

2022年11月，学校以心理委员为骨干、面向全校学校，分别开展“读书悦心”心理读书活动、“园艺疗心”植物创意画活动、趣味心理测评活动以及心理电影赏析活动。

2022年11月，学校面向2022级新生心理委员开展以“希望·美好”和“心理危机识别与干预”为主题的培训，帮助心理委员明确岗位角色与职能、增强心理委员对心理问题与危机的识别和干预能力，同时鼓励心理委员参加心理委员MOOC培训。

2022年12月，叶利荣获第五届“全国百佳心理委员”称号。

155. 安徽师范大学大学心理委员工作展示

沈艳红　　陈　程

2022年10月31日至11月22日，安徽师范大学开展第六期心理健康委员培训。全校200余名2022级新生心理健康委员和2021级新任心理健康委员参加培训。培训由理论课程和实践课程组成，心理委员在培训中既学到了心理委员的职责和工作方法，也学到了怎么识别心理危机和如何协助辅导员处理心理危机。

2022年12月，历史学院2019级历史学专业周晨茜同学和法学院2020级行政管理专业刘康同学双双荣获“全国百佳心理委员”荣誉称号。教育科学学院2020级教育学专业石金杰同学荣获“全国百佳心理委员提名奖”。

2023年4月2日至5月25日，安徽师范大学开展第三届学校优秀心理委员评选工作，经过学院初评，共有18名心理委员参加学校评选，最终经过学校评审,共有10名同学荣获校“优秀心理委员”称号。学校根据平时成绩及个人情况,最终遴选3名同学代表学校参加“全国百佳心理委员”评选。

2023年5月至6月,安徽师范大学组织全校心理委员学习全国高校心理委员工作平台上的MOOC培训,最终200余名心理委员参加培训,并取得合格证书。

156. 中山大学心理委员工作展示

李宝山

2022年3月,学校在已有心理委员工作的基础上,重点强化心理情景剧在工作中的运用,并邀请天津大学詹启生教授为学校参加心理情景剧比赛的学生、朋辈以及心理委员开展培训。通过专业的培训,学校有的剧目入围全国百佳剧目,有的剧目在广东省心理情景剧比赛中获奖。除此之外,学校心理委员获得“全国百佳心理委员”称号。

2022年,学校进一步提升心理委员的工作效能,深度开展心理委员培训,包括工作职责与伦理、心理调适、危机识别与预警、沟通技巧等,以及各具特色的团体心理培训,主题包括“我与朋辈”“我们可以”“如此倾听”等。

院系二级辅导站一直是朋辈与心理委员工作的重要载体,“十目一心”工作室、清心工作室等在院系层面开展了与人际关系相关的各类团体活动,并取得了良好的效果。

心理健康教育咨询中心编制了《心理委员工作手册》,总结了过去的培训内容与经验,从提升心理委员的工作效能的角度出发,将心理委员的日常学习常态化、手册化。

在团体辅导的形式方面,学校组织了各类拓展,包括芳香疗愈、静心禅绕画、光影嬉蓝晒、情绪毛绒球、正念植物拓染、表达性书写、定向越野等形式的体验与培训,极大地丰富了朋辈与心理委员的工作内容。

探索朋辈与心理委员的培训内容与各自的学科巧妙结合,发挥各专业心理委员的主观能动性,寻求更多新的工作方法是本年度学校心理教育工作的重要内容。心理健康教育咨询中心自2023年3月以来邀请了来自不同学科的青年学者开展了“学科专业与心理健康”系列讲座,内容包括艺术、公共卫生学、历史学、物理学、农学、数学、考古学、物理与天文等与心理健康的关系。该系列讲座获得了朋辈学生的一致好评，使得他们在运用自己学科优势开展工作时更有信心。

随着学校心理健康公共必修课在2022年秋季学期的开展，心理健康教育咨询中心融合朋辈力量，在“立德树人”的指导思想与“学以成人”的课程框架下开展了不同主题的培训，让朋辈助教们在工作中学习，在学习中生活，进一步发挥了朋辈队伍的重要作用。

157. 首都师范大学心理委员工作展示

杨　学

首都师范大学院系心理骨干及班级心理委员积极组织同学参加2022年首都大学生心理健康节活动，其中《兔兔球小课堂》获“心理漫画大赛”二等奖，《强心与健体相融，雪花与浪花相遇》获演讲比赛三等奖，《被讨厌的勇气》获“心悦读”三等奖，《数科118——和谐小筑》获“和谐宿舍”三等奖；在“生活中的微感动”活动中1名同学获一等奖、1名同学获三等奖；在心理健康知识竞赛中取得团体第10名；心理咨询中心获优秀组织奖。

158. 江西师范大学心理委员工作展示

王敬群

学校心理教育中心开设心理委员必修——朋辈心理辅导。该课程持续八周，共337名心理委员（含2022级全体新生心理委员和换届心理委员）参加课程学习，并完成考核。

2022年9月至12月，为了帮助学生摆脱紧张焦虑的情绪，1 000余名心理委员积极发挥作用，主动关心班级同学，向班级同学普及求助渠道，并加强自我关爱，通过线上互动等手段，带领班级开展丰富多彩的心理互助教育活动。

2023年3月到5月，300余名心理委员在心理教育中心的指导下，陆续开展“书香润心”心理读书会活动，书籍包括《长大了就会变好吗》《被讨厌的勇气》

等热门心理书籍。此次活动累计超 500 名师生参与，为师生们带来了不一样的心理科普，引导班级同学保持健康稳定的情绪状态。与此同时，学校开展了 8 个主题共 96 场“携手知心”团体辅导活动，近 2 500 人次参与。学校心理委员在心理危机预警方面发挥了重要作用。2022 年 6 月至 2023 年 6 月，心理委员主动识别，及时发现心理危机学生 18 人次；朋辈辅导对存在较为严重心理问题的学生进行帮扶 143 人次。

学校积极参加全国高校心理委员研究协作组组织的各项活动，并将其纳入学校心理健康教育工作的组成部分。学校刘玲玲老师入选第六届全国高校心理情景剧大赛网络评审专家，学校推选的心理情景剧《审判》在第六届全国高校心理情景剧优秀剧目展演中被评为百佳剧目。

学校心理委员工作成效显著，2022 年 12 月，心理委员周婷婷、陈季晴获得“全国百佳心理委员”荣誉称号，心理委员张思葶获“全国百佳心理委员提名奖”。除实践活动外，学校还在理论方面积极探索心理委员工作研究：由王敬群、刘玲玲等主持的江西省高校人文社会科学研究项目“自助成长 助人快乐 互助和谐——高校心理委员胜任力培养的探索与实践”已结项，并获江西省优秀教学成果奖。

159. 滁州城市职业学院心理委员工作展示

谷莲莲

2023 年 3 月 10 日，学校心理委员联合会举办“‘嘿’诗人！”贴纸拼诗主题活动，以贴纸拼诗的形式让同学们自由抒发内心情感。

2023 年 3 月 15 日，学校心灵驿站成立，并招募了 128 位学生申领土地，开展种花活动。

2023 年 4 月 19 日，学校举办“‘包’罗万象，‘袋’展风采”手工制作包包主题活动，通过手工绘制或缝麻布袋，锻炼学生动手、创新能力，让学生感受手工制作的乐趣。

2023 年 5 月 24 日，学校举办“‘趣’出彩，跑出色”彩虹跑主题活动，为学生提供一个制造快乐、传递快乐的平台，展现学生的运动风采，并增强集体凝聚力，拉近同学间的距离。

2023 年 5 月 25 日，学校举办“妙笔搴行，追光绘心”书签发放主题活动，丰富了学生的课余生活，提高了学生的阅读兴趣，促进他们健康成长。

160. 湖北中医药大学心理委员工作展示

文　艺

学校十分重视心理委员的培养工作，不断探索和健全培养体系，力求通过系统化、专业化的培养，让每一名心理委员都成为播洒阳光的使者，切实扎紧筑牢心理安全的基层堡垒。

2022 年 9 月，学校进行 2022 级新生心理委员的选聘工作，共 106 名 2022 级新生担任心理委员一职。同时，106 名新生心理委员参加全国高校心理委员工作平台上的 MOOC 培训，并取得合格证书。2022 年 12 月，扬天资同学获得“全国百佳心理委员”荣誉称号。

2023 年 3 月至 4 月，学校举办 2023 年春季学期阳光使者成长训练营活动，活动包含理论培训、经验分享、实践教学等环节，全校新任心理委员、宿舍联络员 2 000 余人参加。

2023 年 5 月，学校举办第十五届心理健康阳光月系列活动。心理委员共同行动协助心理健康教育中心以及各二级学院心理工作站开展“阳光心理护航计划”朋辈团体辅导活动、“约绘春日 印象中医”首届露营节活动、“青春告白 大声说爱”母亲节特别活动等 40 余项活动。同时学校于 5 月 25 日当天开展了心理健康节游园会活动，通过轻松有趣的活动，倡导大学生关注自身心理健康，了解自己、悦纳自己、超越自己。活动组织性高、覆盖面广、实效性强。

2023 年 6 月初，心理委员骨干随心理健康教育中心老师一起赴十堰市房县开展中小学心理健康教育调研和服务活动，积极推进房县定点帮扶工作，助力房县乡村振兴和社会心理服务体系建设。此外，学校心理委员还在房县职业技术学校开展了以“青春健康，朋辈护航”为主题的朋辈团辅活动。

161. 山东大学心理委员工作展示

李晓含

2022 年 9 月至 2023 年 6 月，全校 1 314 名心理委员及其他学生骨干完成全国高校心理委员工作平台上的 MOOC 培训并取得合格证书，夯实了心理委员知识理论基础。

2022 年 10 月，学校开通朋辈心理支持热线，成立学生心理协会，并将其作为开展朋辈心理工作的抓手和依托，举办了一系列学生群体喜闻乐见的宣传教育活动。

2023 年 3 月，学校开设朋辈心理辅导实务课程，以培养一批具有基本朋辈心理支持能力的学生骨干为目标，对朋辈心理辅导的设置、原则、流程、方法等基本内容进行讲解及实践；同时面向心理委员群体开展团体沙龙或团体辅导活动，提升朋辈助人实践技能。

2023 年 4 月，学校举办第二届“同龄人”朋辈心理辅导技能大赛，覆盖全校所有心理委员，共 61 个单位 6 186 名学生参加，以赛促学，在全校范围内营造关注内心成长、启发朋辈互助的良好氛围。

2023 年 5 月，学校举办优秀心理委员评选活动，共评选出 105 名优秀心理委员，并对其进行表彰，通过先进的示范带头作用，在更大范围内形成心理委员工作合力；举办主题班会及特色品牌活动，为心理委员搭建开展工作平台。

2023 年 7 月，学校面向心理委员开展暑期课程培训，通过小班集训的方式，提高心理委员的实践技能，为心理委员开展工作提供帮助。

162. 江西应用科技学院心理委员工作展示

卢　意

2022 年 11 月至 2023 年 4 月，学校对本科新生心理委员进行培训（李雨珂主讲）。第一学期培训了 241 本科新生心理委员，第二学期培训了 145 名本科生心理委员与 1 285 名宿舍联络员（由江西应用科技学院曾媛辉、华东交通大学舒曼、南昌第二附属医院侯丹妮主讲）。整个学年共培训 386 名本科心理委员和

1 285 名宿舍联络员。另外，江西应用科技学院在本学年组织各学院心理委员每月开展一次的班级心理主题班会，内容涵盖睡眠健康、生命教育、压力缓解、心理健康节朋辈互助、沟通与倾听五大主题。

163. 东南大学心理委员工作展示

朱婉灵　　邓旭阳

（1）开展心理委员系统培训。

学校选拔 2022 级本科生及研究生心理委员，完善东南大学心理委员培训计划，开展“从自助到助人——心理委员的道与术”“大学生异常心理识别与积极心理发展”“朋辈心理辅导的基本技能”“人际关系主题朋辈团体心理辅导”等主题培训。各学院心理健康教育分中心积极开展学生心理队伍成长沙龙及团体心理辅导活动，增强心理委员的朋辈互助能力，促进其心理积极发展。

（2）加强心理委员队伍建设。

学校召开心理委员大会，完成校心理委员工作室招新及团队建设，组织社团破冰见面会、集体生日会、每月社团例会等活动，增加社团凝聚力，建设心理骨干队伍；修订并发放《2022 年东南大学心理委员工作手册》，选拔校“暖心大使”十佳朋辈心理工作者。金蕾同学荣获第五届“全国百佳心理委员”称号，朱桂宏、王有娜同学获“全国百佳心理委员提名奖”。

（3）组织心理委员参与心理实践活动。

在心理委员工作室的组织下，学校开展第二届校心理主题班会大赛以及优秀心理班会经验分享会，形成品牌活动。心理委员积极参与“宿舍心理文化宣传”志愿服务活动，成为健康教育心理中心与班级同学的桥梁，并在实践活动和分享互助中获得心理成长。

164. 哈尔滨工业大学心理委员工作展示

杨晶晶　　王　倩　　徐天琪

（1）培训到位，持续打造专业水准的心理委员队伍。

①课程筑基础。学校面向心理委员专门开设一门 1 学分的朋辈心理辅导课

程，对心理委员进行系统的理论和技能培训，以学分激励心理委员的学习热情。

②培训助提高。为持续夯实心理委员的专业能力，学校借助高校心理委员工作平台的培训资源，每年由专职心理教师进行5次领学并答疑，覆盖心理委员700余人次。此外，学校也积极组织各类专项讲座，如心理班会活动、团体心理训练等。

（2）投入到位，不断强化心理委员的工作条件保障。

作为学校四级心理健康网络中的重要一环，学校党委高度重视对心理委员工作的各项保障。

①场地保障。学校现已实现二级心理辅导站全覆盖，心理站独立、安全、温馨的空间为心理委员开展个体谈心和团体活动提供了重要的场地支持。

②设备保障。学校为每个心理站购置了专业沙盘设备，并对相关人员进行初步培训，使心理委员开展工作更为得心应手。

③经费保障。学校积极鼓励心理委员自发组织心理教育活动。以每年“5·25”心理健康活动月为例，心理委员组织的各项活动都能得到学校数百元到数千元不等的经费支持。

（3）成效到位，充分发挥朋辈互助和危机哨兵作用。

充分的激励、培训、保障机制，已让心理委员成为学校心理教育工作中一支非常有热情、懂专业、有方法的生力军。他们或化身知心伙伴，温言抚慰；或化身活动组织者，帮助同伴化解压力；或化身具有敏锐洞察力的哨兵和卫兵，第一时间发现和报告心理危机事件，守护学生安全。

165. 滨州学院心理委员工作展示

康纯佳

学校连续三年开展朋辈心理辅导员岗前培训，培训对象包括心理委员、心理守护员、心理辅导站骨干、大学生心理健康协会成员，累计1 200余人。心理委员须参加全国高校心理委员MOOC培训并取得合格证书。学校积极参加全国高校心理委员研究协作组组织的学术交流和主题活动，由心理委员编排的心理情景剧被评为优秀剧目，学校学生连续三年获“全国百佳心理委员”称号。学校建设了心理委员工作平台“寓心家园”和心理委员校外实训基地，并组织开展驻滨高校心理委员工作交流会和研讨会。

166. 陕西科技大学心理委员工作展示

董　阳

学校始终重视心理委员队伍建设,筑牢心理危机预警与干预体系的根基。2022 年 10 月至 12 月,学校开展 2022 级学生心理骨干培训工作。培训包含三个层面:一是全省高校新生心理委员胜任力提升培训班;二是校级心理知识培训,包括工作职责、心理问题识别、心理危机干预等;三是院级朋辈助人技巧培训,通过经验交流会、座谈会等提高心理委员的实践能力。2022 年 11 月至 12 月,为进一步增强朋辈助人工作实效,学校开展了 7 次线上心理健康系列讲座。2022 年 12 月,学校师生参加了第十七届全国高校心理委员工作研讨会暨朋辈辅导论坛,1 名学生获得"全国百佳心理委员"称号,2 名学生获得"全国百佳心理委员提名奖",心理委员工作指导教师董阳汇报了朋辈工作,其论文获得优秀论文奖。

2023 年 4 月至 6 月,学校组织学生心理骨干培训,培训从校、院两级四个层面开展。校级培训分为理论知识培训和助人技能培训,具体包括"心理危机识别与干预"讲座和心理助人技能体验式培训,形式包括团体心理辅导、正念疗法、沙盘等,注重体验式、情景性、实操性。院级培训包含心理工作座谈会和心理班会,旨在指导学生心理骨干顺利开展工作。

167. 江苏大学心理委员工作展示

陆　菁　　吴　婷　　慕亚芹

江苏大学 2010 年起在本科生班级设立心理委员工作岗位,2015 年起在研究生班级设立心理委员工作岗位,2018 年创新性地在研究生工作室设立心理委员工作岗位。目前全校共有心理委员 1 324 名。2022 年江苏大学致力于完善心理委员的工作机制与促进心理委员发挥作用。

江苏大学将心理委员工作纳入学工考核指标,2022 年完成相关指标修订,进一步突出心理委员在心理危机预防工作中的作用;修订发放 2 000 余册《江苏大学心理委员、心理信息员工作手册》，指导心理委员工作开展；编制“心理委员工作情况考核表”，并将其纳入学院、班级对心理委员工作的评价，将“优秀心理委员”“十佳心理委员”评选做实做优。

江苏大学着力发挥心理委员在心理活动组织与危机预防方面的作用。2022年学校开展40学时心理委员专题培训，提升心理委员的能力；选拔31名心理委员纳入“满天星”朋辈心理团辅师梯队，开展16学时实操培训；在优秀心理委员群体中选拔14名理论扎实、群众基础好、乐于沟通的心理委员纳入“护航”朋辈咨询员梯队，实现“理论—实践—督导”一体化培养。2022年，心理委员参与组织心理广场、手语操、趣味运动会、心理影片赏析等活动近200场次，被多家媒体报道。2名同学荣获“全国百佳心理委员”称号，1名同学获“全国百佳心理委员提名奖”，1名同学荣获“江苏省优秀心理委员”称号。

168. 邵阳学院心理委员工作展示

宋传颖　　钟琼瑶　　汪　瑶

学校高度重视朋辈心理互助工作，组建了大朋辈心理互助中心，下设心理健康教育部、《心海》新媒体编辑部、朋辈小助教三支队伍，形成了“日常管理、宣传、助人服务”三位一体的工作格局。其中心理健康教育部负责心理健康服务日常事务管理，协助心理健康教育中心指导各二级学院完成心理普查、心理危机排查、周月心理动态信息的收集与整理等各项工作；《心海》新媒体编辑部负责编辑心理健康教育知识相关文章、心理活动新闻稿等，并及时在心海微信公众号、学校易班平台、学校官网等各级平台刊发；朋辈小助教负责心理咨询预约、心理团体辅导活动开展、朋辈互助等各项工作。同时，为了提高朋辈互助队伍的专业化水平，学校构建了四级心理服务技能培训体系，并实施分层、逐级培训。2022年，学校选派90名朋辈互助员参加全国高校心理委员MOOC培训，并获得合格证书；以心理沙盘、心理读书沙龙、长短程团体心理辅导体验与提升等为突破口，举办各类培训66期，培训朋辈互助员1 624人次。另外，学校优秀的朋辈互助员代传芝获得“全国百佳心理委员”荣誉称号，朱子烨、彭生坤获得“全国百佳心理委员提名奖”；学校选送的心理微视频《朋辈》在第二届全国高校心理微电影优秀作品作品展中被评为百佳心理微电影。

169. 广西大学心理委员工作展示

王　曼

广西大学高度重视学生心理健康教育工作，形成了心理健康教育多层次推进、多内容覆盖的全员参与格局。为了充分发挥心理委员在四级心理健康教育工作体系中的重要作用，促进大学生心理健康教育工作扎实有效开展，形成学生群体互助、关怀的氛围，学校在 2022—2023 学年围绕心理委员开展以下具体工作。

组织全校 500 余名心理委员参加“心理委员大讲堂”培训，“如何做好一名心理委员”“怎么识别与正确认识心理（精神）问题”等知识讲座及心理委员 MOOC 培训。

举办以“朋辈如斯，温暖互递”为主题的广西大学首届朋辈心理辅导技能大赛。通过心理健康知识测试、朋辈心理辅导技能展示等环节，选拔优秀的朋辈心理辅导员参加广西高校大学生朋辈心理辅导技能大赛。

开展“四时心情，绚烂生命”校园心理微电影剧本及心理情景剧比赛、“答疑解忧，心灵互动”百位大学生心理来信征集活动、“定格微笑，锁定快乐”春季笑脸征集活动及“聚爱成光，心灵奇旅”心理集市活动等系列主题活动。

组织年度学校优秀心理委员评选活动，共评选出 88 名校级优秀心理委员。其中，土木工程学院 2019 级李腾宇同学、轻工与食品工程学院 2019 级徐佳慧同学获第五届“全国百佳心理委员”荣誉称号。

170. 长安大学心理委员工作展示

刘　飞　　程铃琳

2022 年 9 月至 2023 年 6 月，长安大学面向全校 1 173 名心理委员，围绕生命教育、挫折教育、适应性教育等定期开展讲座 / 直播：西北大学张向强教授作题为《大学生心理危机成因分析与干预应对》的讲座；西安交通大学姚斌教授作题为《大学生常见心理问题与帮助对策》的讲座；负丽萍副教授作题为《团体心理辅导技术培训》的专题培训；鞠成婷、程铃琳、郭羽熙、霍倩倩老师分别针对开学适应、冲动控制、焦虑调节、人际交往等话题在 B 站和微信视频号“安心直播间”与心理委员们展开交流讨论。学校还在心理健康教育品牌活动“彩虹文化节”中鼓励心理委员参加各类心理素质拓展活动，如“追光心旅·沐风华韶”校园心理情景剧大赛、“情溢微光·心暖向阳”大学生心理健康科普知识竞赛、第十八届当众演讲训练营，充分发挥心理委员的积极性与主动性。2023 年 6 月，学校积极组织二级学院总结心理健康教育季活动经验，并评选了 100 名优秀心理委员。这些榜样和典型的树立增强了心理委员的荣誉感和使命感，提升了学校心理育人工作的组织力、引领力和服务力。

171. 中南大学心理委员工作展示

李静茹

自 2004 年开始，学校在班级设置心理委员，并对所有心理委员进行上岗培训。培训内容为校心理健康教育中心根据心理委员岗位职责自编讲义。2005 年，学校心理健康协会成立，挂靠校心理健康教育中心，负责牵头组织开展各种校园心理文化活动。2016 年，学校面向全校心理委员开设了朋辈心理辅导基础选修课，至今已开设了 14 期。

2017 年，学校建立校朋辈心理互助联合会、院朋辈心理互助会、班级朋辈心理互助队、朋辈心理互助员四级朋辈心理互助骨干队伍，校朋辈心理互助联合会设主席一名，副主席、部长及干事若干，负责全校朋辈心理健康教育活动和心理互助工作的开展，并指导院朋辈心理互助会开展工作。目前全校朋辈互助队员共 2 896 人。

学校每年面向全校师生开展“校园十大心灵守护天使”活动，每年有多名心理委员入选。2020 年，王萌荣获“全国百佳心理委员”称号，任祥毓、冯皓获得“全国百佳心理委员提名奖”。2021 年，黄微荣获“全国百佳心理委员”称号，黄文丽获“全国百佳心理委员提名奖”。2022 年，吴晓雨荣获“全国百佳心理委员”称号，范茜珺、丰楚然获“全国百佳心理委员提名奖”。

172. 洛阳师范学院心理委员工作展示

洛阳师范学院心理健康教育与咨询中心

为完善心理委员等骨干队伍建设，提高心理委员助人自助的意识和能力，学校心理健康教育与咨询中心于2022年6月至2023年6月开展了一系列心理委员培训及特色活动。

2022年10月，学校组织开展了优秀心理委员评选活动，通过初赛、复赛及决赛选出了10名优秀心理委员并对其进行表彰。同年11月，100余名心理委员在全国高校心理委员工作平台上完成了14期心理主题MOOC培训并顺利获得合格证书。

学校通过开展系列心理委员培训工作，宣传了心理健康知识，传播了积极乐观的心理健康理念，发挥了心理委员的助人功能，筑起了心理危机干预的牢固防线。

173. 齐鲁师范学院心理委员工作展示

苏　睿

心理委员是学校四级心理健康网络的重要组成部分，是心理健康知识的宣传者、心理危机问题的发现者。2022年10月25日，学校对全校心理委员进行了心理健康知识和技能培训。培训持续一个月，采用线下、线上结合的方式开展。线下培训由学生心理健康互助委员会组织开展，内容包括心理委员工作职责、倾听和沟通的技巧、青年领导力、青年人志愿精神、同伴教育、心理委员如何在班级开展青春健康活动等。线上培训依托全国高校心理委员工作平台上的MOOC培训，内容包括心理委员的工作职责与角色定位、影响大学生心理问题的诱发因素、心理健康的标准、常见心理问题的症状及识别等。

为进一步发挥榜样示范力量，2022年5月，学校评选了10名校级“最美心理委员”。2020级心理委员陈志华同学荣获第五届“全国百佳心理委员”称号。

174. 牡丹江师范学院心理委员工作展示

高淑艳

重视朋辈心理委员业务培训。2023 年 3 月至 7 月，学校开设公共选修课——大学生朋辈互助同行，共有 90 余名朋辈心理委员选修。3 月 29 日，学校开展学生心理骨干心理危机预防干预技能培训，近 800 名班级心理委员和宿舍心理信息员参加培训。6 月 14 日，学校开展“朋辈暖心，互助成长”宿舍心理信息员工作技能培训，各二级心理辅导站共选派 50 名宿舍心理信息员参加培训。

朋辈心理委员引领活动发展。在 2022 年度心理健康活动月中，朋辈心理委员组织开展了“一站一品”二级心理辅导站特色活动、心理游园活动、学生生理心理健康专题讲座、第二届心理手语操大赛、第二届心理海报设计大赛、第三届校园心理情景剧大赛、大学生心理健康教育讲课大赛、社会心理公益服务等，使得学校心理育人工作迈上了新台阶。

175. 南京工业大学心理委员工作展示

陈　玥

2022 年 10 月至 12 月，学校组织 338 名本科生心理委员参加培训，内容包括理论知识、实操技能，经过实操考核、笔试等环节，最终 222 人通过考核，74 人考核等级为优秀，通过率 65.68%，优秀率 21.89%。

2023 年 3 月至 4 月，学校开展心理委员技能大赛，全校参加笔试的心理委员共 38 人，最终 27 人进入第二环节。参赛选手提交自己的视频作品，记录了他们线下开展心理班会的画面，并阐述了班会的设计思路。心理健康教育指导中心邀请 6 位有着丰富学生工作经验的老师为参赛者评分，最终 10 人进入决赛环节。决赛通过 5 个与大学生活息息相关的案例，以情景模拟的方式呈现。参赛者与案例中的学生的扮演者进行 8 分钟的沟通谈心，并为他们提供支持和转介资源。最终决出一等奖 3 名，二等奖 7 名。

2023 年 3 月至 6 月，学校进行心理委员高阶培训，培训主题分别为：听见你的声音——人际关系建立技能工作坊；做生命的守门人——危机状态识别及干预工作坊；做情绪的主人——压力疏解主题工作坊；成为最好的自己——自我效能感提升工作坊。

176. 广东工业大学心理委员工作展示

黄艳苹　吴　洁

广东工业大学心理委员工作机制始建于 2004 年。经过 19 年的精心发展，心理委员机制已成为学校五级心理防御体系中的重要一环。截至 2022 年，学校共有本科生和研究生心理委员 3 000 余人。在 2022—2023 学年春、秋两季的学期期初、期末节点，学校心理健康教育与咨询中心围绕新学期心理委员工作进行工作部署，对心理委员学期工作进行总结及表彰，指导全校各学院心理委员召开返校工作会议及假前会议共计 40 余场。2022 年全年，学校共举办心理委员及宿舍信息员主题培训 8 场。上学期，学校举办 2022—2023 学年度“逐光心竞，健心偕行”心理委员风采大赛，对全校 22 个学院的心理委员进行工作评比，为全校心理委员树立“心榜样”。凌子珊同学荣获“全国百佳心理委员”称号，郑泽敏同学获“全国百佳心理委员提名奖”。下学期，学校举办“5・25”心理健康月开幕式。开幕式当晚，中山大学的程乐华博士对参会全体心理委员进行“感性理性系统分化说”培训。

177. 青海民族大学心理委员工作展示

马晓霞　叶长春　刘晓蓉

青海民族大学地处青海省西宁市，创建于 1949 年 12 月 12 日，是青藏高原上的第一所高等学府。目前，学校已形成“宿舍—班级—学院—学校—校外精神专科机构”五级心理健康服务工作体系，实现全员、全过程、全方位心理育人。

（1）择优选拔，严把“入口关”。

学校在新生入学前 2 周，通过个人申请、学院审核、心理中心面试考核等环节，为各班选拔班级心理委员，为每位心理委员配发《心理委员工作手册》，并将其信息录入学校易班系统，由心理健康教育中心统一培训、管理、指导。

（2）扎实培训，强化“服务关”。

学校每年组织心理委员参加全国高校心理委员工作平台 MOOC 培训，为全体心理委员统一购买《心理委员标准化教程》；每年开展不少于 2 次的心理委员培训；每年邀请省内外专家学者面向心理委员开展工作职责、沟通技巧、班级心理活动策划、朋辈心理辅导的培训及经验交流。心理委员在“5·25”“9·25”心理健康月中配合心理健康教育中心开展各类班级心理健康活动，并通过心理委员工作群、“学生心理晴雨表”观察上报班级心理异常学生。

（3）以赛促用，细化“考核关”。

学校每年度举办心理委员朋辈心理辅导技能大赛和心理委员工作案例大赛，评选“十佳心理委员”，以赛促学、以赛促用，精进心理委员专业知识和技能，提高服务意识和服务能力。

178. 陕西铁路工程职业技术学院心理委员工作展示

吕泊怡

学校高度重视各级心理委员队伍建设，通过开展各类培训不断提升心理委员胜任力和工作效能，推进心理委员工作品牌化、标准化和规范化建设。

2022 年，学校面向心理委员开展线上线下专题培训 32 场，累计培训学生 3 500 人次；全校共有 251 名心理委员参加全国高校心理委员工作平台上的 MOOC 培训并全部取得合格证书。朋辈心理委员编排心理小报 11 期，利用微信公众号、抖音等平台推送心理微文、心理短视频 99 期。由朋辈心理委员运营的新媒体平台发布的作品浏览量最高达 10.2 万人次。

2022 年 3 月至 6 月，各级心理委员组织开展团体心理辅导、素质拓展训练、心理游园会、朋辈心理小课堂、朋辈心理咨询等品牌心理宣传活动 40 余项。

2022 年，1 名同学荣获第五届“全国百佳心理委员”称号，2 名同学荣获第五届“全国百佳心理委员提名奖”；1 名同学荣获“陕西省高校校园爱心大使”称号，1 名同学荣获“陕西省高校最美心理委员”称号，3 名同学荣获“陕西省高校百佳心理委员”称号；10 名同学入选校级“十佳心理委员”称号；406 名同学通过考核，被正式聘任为“校级朋辈心理委员”；朋辈心理社团连续 10 年荣获校级“十佳社团”称号；由朋辈学生组织参与的各项心理宣传实践活动，先后荣获校级以上一等奖 4 项、二等奖 7 项、三等奖 11 项、优秀奖 4 项、金奖 1 项、银奖 4

项、铜奖 1 项。

179. 绵阳职业技术学院心理委员工作展示

龚　勋　　叶　芹

2022 年 9 月至 12 月，学校对全体心理委员和宿舍信息员开展心理委员基础知识、心理委员朋辈工作技能、心理委员团体沙盘和团体辅导技能培训，并签署了《心理委员任职承诺书》。

2022 年 3 月至 5 月，学校举办第十五届“3·25 善爱我、5·25 我爱我”大学生心理健康月活动。全体心理委员录制一个快闪视频——“善爱青春之我，同心跟党向未来”，利用微信、广播站、融媒体中心等宣传阵地提出一个倡议——“3·25 善爱健康之我”，共唱一首主题曲——《一起向未来》，学习并分享交流一系列心理健康微课，组织并实施一系列心理健康品牌活动，促进朋辈心理工作队伍成长。活动获得省级“五个一”心理健康教育促进行动表彰。

2022 年 4 月，学校组织全体心理委员和心理干部在线收看“抗击疫情全国心理委员大讲堂”系列公益讲座，并据此开展学习心得征文活动；召开朋辈心理工作经验交流会，邀请第四届“全国百佳心理委员”祝清海和校心理协会会长陈晓芳分享朋辈心理工作经验。2022 年 5 月，学校举办年度校“十佳心理委员”评选和第三届校园心理微电影大赛。2022 年 11 月，文霄鸿获“全国百佳心理委员”荣誉称号，李莜昕获“全国百佳心理委员提名奖”。2022 年 12 月，学校参加全国“十万个生命礼赞”微视频征集活动，提交的作品分获二等奖和优秀奖。

180. 江西中医药大学心理委员工作展示

易雪梅

2022 年 9 月至 2023 年 6 月，为积极响应江西省人民政府办公厅出台的学生心理健康教育工作实施方案和《江西中医药大学心理健康教育工作管理办法》的相关工作条例，学校积极贯彻落实省教育厅“万师润万心心理健康大行动，分别开展了心理健康教育宣传、心理咨询辅导、心理危机干预等日常朋辈互助工作，提升了学校朋辈互助心理工作的专业度，提高学生心理工作队伍的心理育人能力。

2022 年秋季,学校对全校 300 余名心理委员、心理保健部等开展心理委员培训;对万余名在校学生开展心理普查、心理解压、情绪疏导等创伤后心理健康教育辅导了组织开展世界精神卫生活动月系列专题活动,形式包括但不限于团体心理辅导、心理专题讲座、心理漂流瓶、心理健康形象大使等,共 3 000 余人参加;组织心理委员参加全国高校心理委员研究协作组会议,推选的学生李萍、赖晓微分获第五届“全国百佳心理委员”荣誉称号和“全国百佳心理委员提名奖”。

2023 年春季,学校以“5·25”心理健康活动月为契机,成功组织开展学生朋辈互助心理健康教育活动,邀请省内外专家开展“万师润万心心理健康专题讲座”2 期、“心理健康教育名师大讲堂”2 期,累计 1 000 余人参加;开展 2023 年朋辈心理互助先进个人评选活动,最终从 10 个学院中评选出 50 名优秀心理委员;组织心理健康教育专兼职教师参加省内外心理健康教育专业培训;推送的心理情景剧《将坠入黑暗 也迎来光明》在第五届全国高校心理情景剧优秀剧目展演中被评为优秀剧目并获得江西省高校优秀心理情景剧一等奖;推送的心理微电影《疫情·亦晴》获 2022 年江西省高校优秀心理微电影二等奖。

181. 江西外语外贸职业学院心理委员工作展示

井 凯

学校自 2020 年成为全国高校心理委员研究协作组理事单位以来,心理委员工作紧跟全国高校心理委员研究协作组的工作节奏,在做好常规工作的同时,做好自选工作,并取得了不错的成效。

一是常规工作不松懈。招募培训了三届心理骨干和班级心理委员,完善四级心理危机干预机制,全面提高学生心理委员辨别心理问题的能力,助其当好排头兵。

二是举办心理委员座谈会。学校党委书记晏斌与心理委员面对面交流,聆听心声,做到“有问必答”“有回必应”,共话成长、体察校情、关爱学生、答疑解惑,形成育人合力,主动发现学院心理健康教育工作中的痛点、难点,为今后做好心理健康教育工作提供方向和支撑。

三是工作取得较好成效。2020 年,学校“四四”危机干预模式荣获江西省平安校园建设工作优秀成果二等奖；2021 年，李妍首获“全国百佳心理委员”荣誉称号，文雨晴、肖惠榕同学分获第四届、第五届“全国百佳心理委员”称号；2021 年学校在全国心理委员工作研讨会上作经验交流。

182. 山西晋中理工学院心理委员工作展示

原　媛

学校素来重视心理健康教育工作，开展心理沙龙 34 场，个体心理咨询 17 例，团体辅导活动 92 场，疗愈沙盘活动 428 场，心理剧日常活动 35 场。

2022 年 10 月，举办第二届校园心理微电影大赛、首届校园心理情景剧剧本赛。

2022 年 12 月，报送的心理微电影《一点星光》在第二届全国高校心理微电影优秀作品展中被评为百佳心理微电影。

2023 年 3 月到 5 月，进行 5 次培训，主题分别是“共情能力”“心理问题案例分析”“常见心理问题识别与危机”“情绪与健康”“基本沟通技巧”。

2023 年 3 月，举办“持之以故，辩之有理”心理学知识辩论赛。

2023 年 5 月，报送心理情景剧《天平》参加第六届全国高校心理情景剧优秀剧目展演中被评为百佳剧目；开展第九届“聚焦心灵，共绎青春 ”校园心理剧大赛、首届校园心理微电影剧本赛、团辅说、“以沙之名，互诉衷肠”征稿活动、沙具捐赠、“与心相约，共诉心语”心理学演讲比赛等活动。

183. 哈尔滨医科大学心理委员工作展示

付东然

2022 年 9 月至 2023 年 6 月，大学生心理健康教育中心在每学期的第一个月都会邀请专家面向心理委员开展线上线下培训，以讲座、沙龙、团体辅导等形式提升心理委员的技能；每学年以心理委员为主要组织者，开展“3·25”“5·25”“9·25”心理情景剧大赛等心理活动，旨在营造关注心理健康、培育积极向上心态的良好校园氛围，为大学生搭建优化心理素质、提高综合素质的平台，通过丰富多彩的系列活动，全方位加强大学生心理健康教育，促进大学生全面健康发展。大学生心理健康教育中心每学期都会挑选有经验的心理委员，面向班级心理联络员举办分享交流会，包括如何辨识心理危机、情绪管理技巧、助人技巧等主题。对心理委员与心理联络员的培养，旨在丰富校园健康的心理文化、树立良好的心理健康意识、理解与运用助人与自助方法，让心理健康知识与朋辈辅导力量浸润校园的每一个角落。

184. 南京大学心理委员工作展示

陈昌凯

为了丰富全校师生的心理健康知识，形成正确、良好的心理健康意识，提升心理委员及学生骨干科学识别、及时预警、妥善应对常见心理问题和疾病的能力，南京大学心理健康教育与研究中心与江苏省精神卫生中心等单位联合开展心理委员线上培训，并以"世界睡眠日""世界精神卫生日"等为契机，邀请专家学者开展系列讲座，详细介绍了强迫症、抑郁症、焦虑症、双相情感障碍、进食障碍等心理疾病的预防和治疗，同时就调整睡眠、促进饮食健康、管理情绪、舒缓压力等方面向学校师生进行讲解，共有超过 8 万人次收看和参与了线上讲座。

学校同时采取"一培训一考核"的形式，在每次培训之后，针对心理委员应知应会的内容进行考核，以考促学，督促心理委员提高大学生常见的心理问题的识别和应对能力，协助学校开展心理危机预防与干预工作。培训考核的效果显著，参与人数达到 4 000 余人，考核通过率达到 96%，有效提升了师生的心理健康素养。

第三部分　全国高校学生心理调查

2021 年 12 月，中国科学技术协会启动了中国特色一流学会建设项目，其中中国心理学会心理危机干预工作委员会承担了 2023 年中国高校学生心理调查项目。2023 年中国大学生心理工作调查于 2023 年 6 月 11 日至 6 月 15 日在线完成测试，在 5 天时间内共有 247 220 名高校学生参与了测试，调研结果如下。

一、问卷整理

为了保证统计的有效性，对所有参与测试的问卷进行了初步整理。对不符合要求的问卷进行了删除，具体要求如下。

（1）对“本人不愿意‘参加此项测试并认真填写’”的被测者问卷进行了删除，删除 34 423 份，占总数的 13.9%，删除后剩 212 797 份。

（2）考虑到问卷填写的合理时长（以每道题最低填写时长为 2 秒计算），对测试所用时间小于 212 秒和大于 1 200 秒的问卷进行了删除，删除 21 129 份，删除后剩 191 668 份。

对测试所用时间为 212 秒至 1 200 秒的问卷进行了频率分析，统计结果如图 3-1 所示。

统计表明：填写问卷所用时间的平均值为 536.14 秒（约 8.9 分钟），中位数为 501.00 秒（约 8.35 分钟），众数为 431 秒（约 7.18 分钟）。

（3）对年龄小于 15 岁和大于 50 岁的被测者问卷进行删除，删除 767 份，删除后剩 190 901 份。符合要求的被测者平均年龄为 19.75 ± 1.48 岁，中位数为 20.00 岁，众数为 19 岁。

（4）对填写问卷数量低于 100 份的学校数据进行删除，删除 5 031 份，删除后剩余 145 所高校 185 870 份问卷。

（5）经过以上筛选与整理，最终所得有效问卷为 185 870 份，涵盖全国 145 所高校。

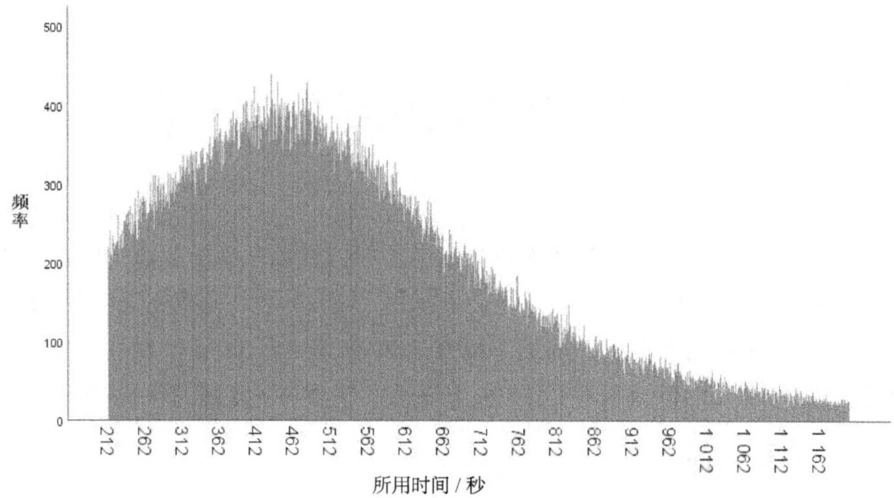

图 3-1 统计结果

二、参与调研的高校学生的人口统计学信息

在参与调研的 185 870 名高校学生中，男生 74 978 名，占比 40.3%；女生 110 892 名，占比 59.7%，见表 3-1。

表 3-1 性别

性别	人数	百分比 /%
男	74 978	40.3
女	110 892	59.7

在参与调研的学生中，心理委员为 14 912 名，占比 8.0%；班级同学为 170 958 名，占比 92.0%，见表 3-2。

表 3-2 学生身份

学生身份	人数	百分比 /%
心理委员	14 912	8.0
班级同学	170 958	92.0

参与调研的学生涵盖专科、本科、硕士研究生与博士研究生，各年级人数分

布见表 3-3。

表 3-3　年级

年级	人数	百分比 /%
专科一年级（2022 级）	64 245	34.6
专科二年级（2021 级）	26 283	14.1
专科三年级（2020 级）	2 215	1.2
本科一年级（2022 级）	47 050	25.3
本科二年级（2021 级）	25 823	13.9
本科三年级（2020 年）	15 593	8.4
本科四年级（2019 年）	2 200	1.2
本科五年级（2018 年）	142	0.1
硕士研究生	2 135	1.1
博士研究生	184	0.1

在参与调研的 185 870 名高校学生中，经济状况很富裕的有 1 376 名，占比 0.7%；经济状况较富裕的有 7 047 名，占比 3.8%；经济状况一般的有 127 652 名，占比 68.7%；经济状况较贫困的有 34 724 名，占比 18.7%；经济状况很贫困的有 15 071 名，占比 8.1%，见表 3-4。

表 3-4　经济状况

经济状况	人数	百分比 /%
很富裕	1 376	0.7
较富裕	7 047	3.8
一般	127 652	68.7
较贫困	34 724	18.7
很贫困	15 071	8.1

在参与调研的高校学生中，独生子女为 47 825 名，占比 25.7%；非独生子女为 138 045 名，占比 74.3%，见表 3-5。

表 3-5　是否为独生子女

是否为独生子女	人数	百分比 /%
独生子女	47 825	25.7
非独生子女	138 045	74.3

在参与调研的高校学生中，有 139 337 名学生出生在农村，占比 75.0%；有 46 533 名学生出生在城市，占比 25.0%，见表 3-6。

表 3-6　出生地背景

出生地背景	人数	百分比 /%
农村	139 337	75.0
城市	46 533	25.0

参与调研的 185 870 名学生的出生地见表 3-7。

表 3-7　出生地

出生地	人数
北京市	1 072
天津市	1 169
河北省	9 841
山西省	12 779
内蒙古自治区	5 786
辽宁省	2 722
吉林省	7 711
黑龙江省	2 743
上海市	495
江苏省	6 636
浙江省	9 702
安徽省	16 754
福建省	2 437
江西省	11 493
山东省	21 825
河南省	24 162

续表

出生地	人数
湖北省	2 773
湖南省	8 162
广东省	2 032
广西壮族自治区	3 150
海南省	1 299
重庆市	2 689
四川省	5 169
贵州省	9 825
云南省	2 716
西藏自治区	224
陕西省	1 684
甘肃省	4 015
青海省	594
宁夏回族自治区	686
新疆维吾尔自治区	3 479
台湾省	11
香港特别行政区	10
澳门特别行政区	5
海外	20

三、高校学生心理测验参与情况

参与调研的学生所在的学校组织心理测验的频率不尽相同。调研结果显示，有 23 748 名学生称所在学校每年组织一次心理测验，占总人数的 12.8%；有 84 164 名（45.3%）学生称所在学校每学期组织一次；有 45 085 名（24.3%）学生称所在学校每半学期组织一次；有 29 103 名（15.6%）学生称所在学校每月组织一次，见表 3-8。

表 3-8 学生所在的学校组织心理测验的频率

心理测验的频率	人数	百分比 /%
每年一次	23 748	12.8
每学期一次	84 164	45.3
每半学期一次	45 085	24.3
每月一次	29 103	15.6
其他	3 770	2.0

这些学生在参与心理测验时，有 176 879 名（95.2%）学生会选择诚实作答，有 8 991 名（4.8%）学生选择不会诚实作答，见表 3-9。

表 3-9 学生在参与心理测验时诚实作答情况

诚实作答情况	人数	百分比 /%
会	176 879	95.2
不会	8 991	4.8

四、高校学生与心理健康教育课程

参与调研的 185 870 名高校学生对所在学校开设的心理健康教育课程的数量进行了评价，其中“很充足”“较充足”“一般”“较不充足”“很不充足”的占比分别为 4.2%、6.7%、39.1%、35.4% 和 14.6%，见表 3-10。

表 3-10 对所在学校开设心健课程数量的评价

评价	人数	百分比 /%
很充足	7 743	4.2
较充足	12 542	6.7
一般	72 679	39.1
较不充足	65 760	35.4
很不充足	27 146	14.6

认为学校开设的心理健康教育课程与大学生活非常贴切的学生占 23.3%，比较贴切的占 41.8%，一般的占 30.6%，不太贴切的占 2.9%，非常不贴切的占

1.4%，见表 3-11。

表 3-11　心健健康教育课程与大学生活贴切程度

贴切程度	人数	百分比 /%
非常贴切	43 344	23.3
比较贴切	77 578	41.8
一般	56 939	30.6
不太贴切	5 344	2.9
非常不贴切	2 665	1.4

认为心理健康教育课程成功帮助自己解决心理问题的学生占 81.8%，见表 3-12。

表 3-12　心健健康教育课程能否帮助学生解决心理问题

是否帮助学生解决心理问题	人数	百分比 /%
能	152 072	81.8
否	33 798	18.2

五、高校学生与心理活动

调研结果显示，全国高校学生的心理活动丰富多彩，其中最常参与的心理活动为“心理讲座”（132 651 名）、“心理测验”（129 836 名）与“心理课程”（104 443 名），详细结果见表 3-13。

表 3-13　学生参加过的心理活动类型

心理活动类型	是否参加过	人数	百分比 /%
心理讲座	是	132 651	71.4
	否	53 219	28.6
心理素拓	是	63 806	34.3
	否	122 064	65.7
心理测验	是	129 836	69.9
	否	56 034	30.1

续表

心理活动类型	是否参加过	人数	百分比 /%
心理咨询	是	74 316	40.0
	否	111 554	60.0
心理情景剧	是	64 303	34.6
	否	121 567	65.4
心理课程	是	104 443	56.2
	否	81 427	43.8
其他心理活动	是	3 492	1.9
	否	182 378	98.1

26.0% 的学生认为心理活动的重点在于增进人际关系，33.3% 的学生认为在于学习心理知识，16.1% 的学生认为在于发挥自我潜能，24.6% 的学生认为在于放松身心、休闲娱乐，见表 3-14。

表 3-14　学生认为心理活动的重点

心理活动的重点	人数	百分比 /%
增进人际关系	48 303	26.0
学习心理知识	61 892	33.3
发挥自我潜能	29 894	16.1
放松身心休闲娱乐	45 781	24.6

此外，参与调研的学生中有 86 312 人认为所在学校开展的心理活动丰富，自己收获颇多，占总人数的 46.4%；78 710 人认为所在学校开展的心理活动一般，自己偶有收获，占总人数的 42.4%；8 968 人认为心理活动较少，质量较差，占总人数的 4.8%；11 880 人表示不清楚学校的心理活动情况，占总人数的 6.4%，见表 3-15。

表 3-15　学生对所在学校开展的心理活动的评价

对心理活动的评价	人数	百分比 /%
活动丰富，收获颇多	86 312	46.4
活动一般，偶有收获	78 710	42.4

续表

对心理活动的评价	人数	百分比 /%
活动较少，质量较差	8 968	4.8
不清楚	11 880	6.4

学校开展的各式各样的心理健康活动效果不一。有 11 926 名学生认为心理知识讲座效果好，有 75 654 名学生认为心理竞赛效果好；另外认为心理艺术活动、心理素质拓展、心理健康课程和其他活动效果好的人数分别为 114 665、88 545、88 242 和 2 031，可见认为心理知识讲座与心理艺术活动效果更好的学生较多，详细结果见表 3-16。

表 3-16 学校心理健康活动的效果评价

心理健康活动类型	是否参加过	人数	百分比 /%
心理知识讲座	是	111 926	60.2
	否	73 944	39.8
心理竞赛	是	75 654	40.7
	否	110 216	59.3
心理艺术活动	是	114 665	61.7
	否	71 205	38.3
心理素质拓展	是	88 545	47.6
	否	97 325	52.4
心理健康课程	是	88 242	47.5
	否	97 628	52.5
其他活动	是	2 031	1.1
	否	183 839	98.9

六、高校学生与心理健康常识

调研结果显示，高校学生了解心理健康知识的途径众多。有 113 138 名学生喜欢通过书籍了解心理健康知识，有 153 448 名学生喜欢通过短视频了解心理健康知识，有 58 981 名学生喜欢通过知识问答社区了解心理健康知识，有 65 419 名学生喜欢通过现场讲座了解心理健康知识，有 41 222 名学生喜欢通过模拟咨询了解心理健康知识，还有 3 835 名喜欢通过其他途径了解心理健康知识，由此可知。学生更喜欢通过短视频和书籍了解心理健康知识，见表 3-17。

表 3-17　学生喜欢的心理健康知识了解渠道

了解渠道	是否参加过	人数	百分比 /%
书籍	是	113 138	60.9
	否	72 732	39.1
短视频	是	153 448	82.6
	否	32 422	17.4
知识问答社区	是	58 981	31.7
	否	126 889	68.3
现场讲座	是	65 419	35.2
	否	120 451	64.8
模拟咨询	是	41 222	22.2
	否	144 648	77.8
其他	是	3 835	2.1
	否	182 035	97.9

在参与调研的 185 870 名学生中，有 78.6% 的学生知道所在学校心理中心的位置，还有 21.4% 的学生并不了解，见表 3-18。

表 3-18　学生是否知道所在学校校心理中心的位置

是否知道心理中心位置	人数	百分比 /%
是	146 162	78.6
否	39 708	21.4

对于常见的 17 种心理疗法，受学生们欢迎的三种心理疗法分别为音乐疗法、合理情绪疗法与催眠疗法，详细结果见表 3-19。

表 3-19　常见的 17 种心理疗法

心理疗法	是否感兴趣	人数	百分比 /%
合理情绪疗法	是	129 577	69.7
	否	56 293	30.3

续表

心理疗法	是否感兴趣	人数	百分比 /%
催眠疗法	是	83 020	44.7
	否	102 850	55.3
音乐疗法	是	135 110	72.7
	否	50 760	27.3
意义转换疗法	是	54 494	29.3
	否	131 376	70.7
冲击疗法	是	32 942	17.7
	否	152 928	82.3
以人为中心疗法	是	43 489	23.4
	否	142 381	76.6
模仿疗法	是	36 033	19.4
	否	149 837	80.6
家庭疗法	是	43 425	23.4
	否	142 445	76.6
内观疗法	是	27 722	14.9
	否	158 148	85.1
系统脱敏疗法	是	32 513	17.5
	否	153 357	82.5
心理剧疗法	是	48 943	26.3
	否	136 927	73.7
绘画疗法	是	54 006	29.1
	否	131 864	70.9
森田疗法	是	27 866	15.0
	否	158 004	85.0
厌恶疗法	是	18 926	10.2
	否	166 944	89.8
贝克认知疗法	是	20 631	11.1
	否	165 239	88.9
叙事疗法	是	30 828	16.6
	否	155 042	83.4

续表

心理疗法	是否感兴趣	人数	百分比 /%
阳性强化疗法	是	16 490	8.9
	否	169 380	91.1

七、高校学生的求助意愿

这一部分对高校学生的求助障碍、求助对象、求助内容等进行了调研。调研结果显示，27.4% 的学生表示自己会因为好面子而羞于向他人求助，而 72.6% 的学生表示其并不会因为好面子而向他人求助，见表 3-20。

表 3-20　好面子是否会成为自己求助的障碍

好面子是否会成为求助的障碍	人数	百分比 /%
会	50 983	27.4
不会	134 887	72.6

当遇到心理困惑时，学生的优先求助顺序情况见表 3-21 与表 3-22。

表 3-21　学生求助对象的优先顺序的人数分布

单位：名

次序	心理咨询师	班级心理委员	其他班级同学	父母	老师	舍友	辅导员	朋友
缺失	28 611	44 770	49 949	28 486	48 965	42 441	51 068	27 201
1	35 918	7 938	3 541	52 998	1 784	10 228	1 842	71 620
2	12 429	18 212	6 661	38 861	9 068	36 370	6 435	41 210
3	16 868	10 779	20 472	28 577	13 896	40 128	12 089	13 110
4	19 316	19 429	18 788	18 196	21 820	14 674	22 548	6 314
5	17 532	22 643	14 194	7 569	32 164	10 576	23 202	5 234
6	20 476	22 590	15 194	4 603	23 942	16 796	20 847	4 387
7	14 978	29 212	16 496	2 750	22 842	9 219	26 540	4 725
8	19 742	10 297	40 575	3 830	11 389	5 438	21 299	12 069

表 3-22　学生求助对象的优先顺序的百分比分布

单位:%

次序	心理咨询师	班级心理委员	其他班级同学	父母	老师	舍友	辅导员	朋友
缺失	15.4	24.1	26.9	15.3	26.3	22.8	27.5	14.6
1	19.3	4.3	1.9	28.5	1.0	5.5	1.0	38.5
2	6.7	9.8	3.6	20.8	4.9	19.6	3.5	22.2
3	9.1	5.8	11.0	15.4	7.5	21.6	6.5	7.1
4	10.4	10.5	10.1	9.8	11.7	7.9	12.1	3.4
5	9.4	12.2	7.6	4.1	17.3	5.7	12.4	2.8
6	11.0	12.2	8.2	2.5	12.9	9.0	11.2	2.4
7	8.1	15.6	8.9	1.5	12.3	5.0	14.3	2.5
8	10.6	5.5	21.8	2.1	6.1	2.9	11.5	6.5

本次调研发现一个有趣的现象,即求助对象不同,求助内容也不同,如在被测试者中,有 153 464 名学生更愿意向家人寻求工具性支持,占总调研人数的 82.6%,详情见表 3-23 和表 3-24。

表 3-23　学生的求助对象与求助内容矩阵的人数分布

单位:名

求助内容	家人	朋友	同学	老师	专业工作者	恋人
工具性支持(财力帮助)	153 464	68 625	33 525	32 235	32 452	42 505
情感性支持(情感上的关怀)	120 029	125 730	50 872	36 360	26 851	87 757
信息型支持(劝告、建议、指导)	100 147	96 909	64 652	93 617	76 684	185 870
评价性支持(鼓励、肯定、回馈)	123 406	116 000	76 315	82 511	62 144	74 988

表 3-24　求助对象与求助内容矩阵的百分比分布

单位:%

求助内容	家人	朋友	同学	老师	专业工作者	恋人
工具性支持(财力帮助)	82.6	36.9	18.0	17.3	17.5	22.9
情感性支持(情感上的关怀)	64.6	67.6	27.4	19.6	14.4	47.2
信息型支持(劝告、建议、指导)	53.9	52.1	34.8	50.4	41.3	28.2

续表

求助内容	家人	朋友	同学	老师	专业工作者	恋人
评价性支持（鼓励、肯定、回馈）	66.4	62.4	41.1	41.4	33.4	40.3

根据表 3-21 可知，心理委员和心理咨询师是高校学生遇到心理困惑时重要的求助对象。在参与调研的 185 870 名学生中，有 14.5% 表示自己曾经求助过心理委员，有 85.5% 表示自己从未向心理委员求助过，见表 3-25。

表 3-25　学生曾经是否求助过心理委员

是否求助过心理委员	人数	百分比 /%
是	26 913	14.5
否	158 957	85.5

另外，有 17.1% 的学生表示自己曾向心理咨询师求助过，有 82.9% 的学生表示自己从未求助过心理咨询师，见表 3-26。

表 3-26　学生曾经是否求助过心理咨询师

是否求助过心理咨询师	人数	百分比 /%
是	31 866	17.1
否	154 004	82.9

调研结果还显示，当遇到心理困惑时，59.9% 的学生表示会向心理委员求助，40.1% 的学生表示不会向心理委员求助，见表 3-27。

表 3-27　学生是否会向心理委员求助

是否会向心理委员求助	人数	百分比 /%
会	111 336	59.9
不会	74 534	40.1

当遇到心理困惑时，66.1% 的学生表示会向心理咨询师求助，33.9% 的学生表示不会向心理咨询师求助，见表 3-28。

表 3-28　学生是否会向心理咨询师求助

是否会向心理咨询师求助	人数	百分比 /%
会	122 949	66.1
不会	62 921	33.9

此外，心理委员的品质或能力也影响着学生们的求助意愿。被学生看重的心理委员的品质或能力排序见表 3-29 和表 3-30。

表 3-29　学生看重的心理委员的品质或能力排序的人数分布

单位：名

次序	具备基本的心理知识	具备基本的心理咨询技能	具备基本的心理咨询技能	和我关系好	其他同学或者老师认可这个心理委员的工作	安静内敛，不善社交	性格活泼，人际广泛
缺失	16 580	23 831	23 629	59 444	53 444	72 158	54 587
1	93 144	19 602	39 795	13 749	5 056	1 957	12 566
2	31 340	81 698	26 317	8 749	7 728	3 245	8 844
3	23 083	32 815	72 103	8 657	9 754	3 641	7 892
4	11 705	15 738	14 782	37 131	35 855	5 478	17 669
5	5 858	7 392	5 722	14 185	52 306	11 882	27 465
6	2 603	3 377	2 353	24 859	15 764	44 979	19 819
7	1 557	1 417	1 169	19 096	5 963	72 158	37 028

表 3-30　学生看重的心理委员的品质或能力排序的百分比分布

单位：%

次序	具备基本的心理知识	具备基本的心理咨询技能	具备基本的心理咨询技能	和我关系好	其他同学或者老师认可这个心理委员的工作	安静内敛，不善社交	性格活泼，人际广泛
缺失	8.9	12.8	12.7	32.0	28.8	38.8	29.3
1	50.1	10.5	21.4	7.4	2.7	1.1	6.8
2	16.9	44.0	14.2	4.7	4.2	1.7	4.8
3	12.4	17.6	38.8	4.7	5.2	2.0	4.2

续表

次序	具备基本的心理知识	具备基本的心理咨询技能	具备基本的心理咨询技能	和我关系好	其他同学或者老师认可这个心理委员的工作	安静内敛，不善社交	性格活泼，人际广泛
4	6.3	8.5	8.0	20.0	19.3	2.9	9.5
5	3.2	4.0	3.1	7.5	28.1	6.4	14.8
6	1.4	1.8	1.3	13.4	8.5	24.2	10.7
7	0.8	0.8	0.6	10.3	3.2	22.9	19.9

在参与调研的 185 870 名学生中有 150 218 名认为心理咨询会对自己有帮助，占比 80.8%；35 652 名学生认为心理咨询对自己没有帮助，占比 19.2%，见表 3-31。

表 3-31 心理咨询对自己是否有帮助

心理咨询对自己是否有帮助	人数 / 名	百分比 /%
是	150 218	80.8
否	35 652	19.2

八、心理疾病污名化

心理疾病污名化是指由与心理疾病有关的刻板印象引发的社会地位丧失和歧视嘲讽，是加诸患者身上的耻辱标记，妨碍患者的治疗和康复。对于高校学生来说，心理疾病污名化还会降低其求助意愿，增加其病耻感，严重影响学生心理障碍的转归与防治。这部分使用《精神疾病有关态度问卷》对 185 870 名高校学生进行调研。该问卷包含 12 道题目，每道题目最低分数为 1 分，最高为 5 分，问卷总分为 12~60 分。分数越高，表明个体对精神疾病的有关态度越消极。

调研结果显示，参与调研的高校学生的平均得分为 34.87 分，标准差为 4.621，但该得分在不同性别之间存在显著差异——高校中男生对精神疾病有关态度普遍要比女生消极，见表 3-32。

表 3-32　对精神疾病有关态度的性别差异

性别	人数	平均值	标准差	标准误差平均值	t	自由度	显著性(双尾)
男	74 978	35.10	4.493	0.016	17.252	185 868	0.000
女	110 892	34.72	4.699	0.014			

班级同学的平均得分为 34.90 分，心理委员的平均得分为 34.50 分，二者差异显著，即与班级其他同学相比，心理委员对精神疾病的有关态度更积极，见表 3-33。

表 3-33　对精神疾病有关态度的身份差异

身份	人数	平均值	标准差	标准误差平均值	t	自由度	显著性（双尾）
心理委员	14 912	34.50	5.010	0.041	-10.265	185 868	0.000
班级同学	170 958	34.90	4.584	0.011			

另外，独生子女的平均得分为 34.96 分，非独生子女的平均得分为 34.84 分，二者差异显著，即对精神疾病的态度独生子女要比非独生子女更消极，见表 3-34。

表 3-34　独生子女与非独生子女在对精神疾病有关态度上的差异

是否独生	人数	平均值	标准差	标准误差平均值	t	自由度	显著性（双尾）
独生	47 825	34.96	4.964	0.023	5.127	185 868	0.000
非独生	138 045	34.84	4.495	0.012			

同时调研结果还表明，与城市学生相比，农村学生对精神疾病有关态度更积极，但这种差异很小，见表 3-35。

表 3-35　农村学生与城市学生在对精神疾病有关态度上的差异

出生地背景	频率	平均值	标准差	标准误差平均值	t	自由度	显著性（双尾）
农村	139 337	34.86	4.457	0.012	-1.030	185 868	0.303
城市	46 533	34.89	5.081	0.024			

最后，在参与调研的对象中，有 91 497 名被调研者表示希望身边的同学或朋友在知道自己寻求过心理帮助后能对自己更加关心，这部分被调研者占总人数的 49.2%；有 5 484 名被调研者希望身边的同学或朋友能对自己避而远之，这部分被调研者占总人数的 3.0%；有 71 496 名调研者希望身边的同学或朋友能对自己和从前一样，这部分被调研者占总人数的 38.5%；还有 17 393 名被调研者希望自己寻求过心理帮助这件事能不被任何人知道，这部分被调研者占总人数的 9.3%，见表 3-36。

表 3-36 寻求心理帮助后希望别人对自己的态度

态度	人数	百分比 /%
更加关心	91 497	49.2
避而远之	5 484	3.0
和从前一样	71 496	38.5
不希望任何人知道	17 393	9.3

九、高校学生的自我成功评价

调研结果显示，高校学生对自我成功的评价总体偏积极，其中有 26 696 名学生认为自己很成功，占比 14.4%；543 296 名学生认为自己较成功，占比 29.2%；90 513 名学生认为自己一般，占比 48.7%；10 957 名学生认为自己较失败，占比 5.9%；3 375 名学生认为自己很失败，占比 1.8%，见表 3-37。

表 3-37 高校学生自我成功评价

评价	人数	百分比 /%
很成功	26 696	14.4
较成功	54 329	29.2
一般	90 513	48.7
较失败	10 957	5.9
很失败	3375	1.8

十、人际信任

这一部分使用人际信任问卷对 185 870 名高校学生的人际信任进行调研。人际信任既包含个体对同学的信任，也包含同学对该个体的信任。该问卷包含 22 道题目，每道题目最低分数为 1 分，最高为 5 分，问卷总分为 22~110 分。分数越高，表明个体的人际信任水平越高，详细结果如下。

调研结果显示，参与调研的 185 870 名高校学生平均得分为 64.06 分，标准差为 10.857。男生与女生的人际信任水平存在显著差异，女生比男生的人际信任水平高，见表 3-38。

表 3-38　男生与女生的人际信任水平的差异

性别	人数	平均值	标准差	标准误差平均值	t	自由度	显著性（双尾）
男	74 978	63.17	12.356	0.045	-29.141	185 868	0.000
女	110 892	64.66	9.666	0.029			

调研结果显示，心理委员的人际信任平均得分为 67.07 分，班级同学的人际信任平均得分为 63.79 分，二者差异显著，即心理委员的人际信任水平要远远高于班级同学，见表 3-39。

表 3-39　心理委员与班级同学的人际信任水平的差异

身份	人数	平均值	标准差	标准误差平均值	t	自由度	显著性（双尾）
心理委员	14 912	67.07	9.823	0.080	35.474	185 868	0.000
班级同学	170 958	63.79	10.903	0.026			

独生子女的人际信任平均得分为 64.86 分，非独生子女的人际信任得分为 63.78 分，二者差异显著，即独生子女的人际信任水平高于非独生子女，见表 3-40。

表 3-40　独生子女与非独生子女的人际信任水平的差异

是否独生	人数	平均值	标准差	标准误差平均值	t	自由度	显著性（双尾）
独生	47 825	64.86	11.733	0.054	18.715	185 868	0.000
非独生	138 045	63.78	10.522	0.028			

此外，调研结果还表明与农村学生相比，城市学生的人际信任水平更高，见表 3-41。

表 3-41　农村与城市学生的人际信任水平的差异

出生地背景	人数	平均值	标准差	标准误差平均值	t	自由度	显著性（双尾）
农村	139 337	63.58	10.680	0.029	-32.574	185 868	0.000
城市	46 533	65.47	11.251	0.052			

十一、熟悉度

这一部分针对人际间的熟悉度及其对助人行为的影响等内容进行调研，调研结果如下。

在参与调研的高校学生中，72 198 名学生表示自己不太愿意向特别熟悉的同学倾诉心理困扰，占比 38.8%，见表 3-42。

表 3-42　不太愿意向熟悉的人倾诉心理困扰

选项	人数	百分比 /%
是	72 198	38.8
否	113 672	61.2

调研结果还显示，124 312 名学生认为有些心理困扰不能让认识的人知道，占比 66.9%，见表 3-43。

表 3-43 有些心理困扰不能让认识的人知道

选项	人数	百分比 /%
是	124 312	66.9
否	61 558	33.1

当被问到“当我了解到一个和我不太熟悉的同学和我有相似的经历后，我是否愿意向其寻求帮助或与其分享”时，79.3% 的学生表示愿意，20.7% 的学生表示不愿意，见表 3-44。

表 3-44 是否愿意向不太熟悉但有相似经历的同学求助或分享

选项	人数	百分比 /%
是	147 427	79.3
否	38 443	20.7

另外“我认为相互之间达到什么熟悉程度后能够向对方寻求心理帮助”这一问题的调研结果见表 3-45。

表 3-45 能够向对方寻求心理帮助的熟悉程度

熟悉程度	是否必须	人数	百分比 /%
了解个体情况（基本信息、性格、爱好、兴趣、助人能力）	是	137 375	73.9
	否	48 495	26.1
能够相互信任	是	70 292	37.8
	否	115 578	62.2
经常进行社交互动	是	106 368	57.2
	否	79 502	42.8
无论多么熟悉都不能	是	21 997	11.8
	否	163 873	88.2

调查还以熟悉程度为尺度对高校学生的求助对象进行调研，结果显示高校学生更愿意向“熟悉的人”和“帮助过我的人”求助，见表 3-46。

表 3-46 高校学生求助对象

求助对象	人数	百分比 /%
帮助过我的人	59 614	32.1
我帮助过的人	14 071	7.6
熟悉的人	100 331	54.0
看起来亲和的陌生人	6 759	3.6
我想了解的陌生人	3 411	1.8
其他	1 684	.9

熟悉程度不仅影响求助动机，还会影响助人动机。当学生有心理困扰时，部分个体更愿意帮助与其熟悉的同学，主要原因为自己能提供更适合对方的帮助和自己能更好地体会对方的心情，见表 3-47。

表 3-47 个体更愿意帮助熟悉的人的原因

原因	人数	百分比 /%
我能提供更适合对方的帮助	57 521	30.9
我能更好地体会对方的心情	60 844	32.7
对方更容易接受我的帮助	32 882	17.7
能够维持或增进我们之间的关系	21 358	11.5
对方不会嫌弃我“帮倒忙”	12 083	6.5
其他	1 182	0.6

尽管相互之间不熟悉，部分学生还是寻求与对方的互动，主要原因为“想了解对方”，这部分学生占总人数的 77.2%，见表 3-48。

表 3-48 选择与不熟悉同学互动的原因

原因	是否出于此原因	人数	百分比 /%
班级集体活动	是	48 448	26.1
	否	137 422	73.9
同上一门课	是	64 256	34.6
	否	121 614	65.4
避免尴尬	是	68 591	36.9
	否	117 279	63.1

续表

原因	是否出于此原因	人数	百分比 /%
想了解对方	是	143 474	77.2
	否	42 396	22.8

熟悉程度与人际间的交往频率和交往内容有关，有 15.2% 的学生认为交往频率更重要，有 24.5% 认为交往内容更重要，有 60.3% 认为两者都重要，见表 3-49。

表 3-49　交往频率与交往内容对熟悉程度的影响

选项	人数	百分比 /%
交往频率更重要	28 187	15.2
交往内容更重要	45 626	24.5
两者都重要	112 057	60.3

从陌生转变为熟悉存在一个最低交往频率。有 24.9% 的学生认为最低交往频率为 3 次，有 16.6% 的学生认为最低交往频率为 10 次及以上，还有 15.0% 的学生认为最低交往频率为 5 次，见表 3-50。

表 3-50　从陌生到熟悉的最低交往频率

最低交往频率	人数	百分比 /%
1	25 847	13.9
2	24 352	13.1
3	46 178	24.9
4	15 460	8.3
5	27 834	15.0
6	8 256	4.4
7	3 556	1.9
8	2 472	1.3
9	1 067	0.6
10 次及以上	30 848	16.6

在参与调研的 185 870 名高校学生中，164 180 名学生认为两个人的“关系

熟悉”与两个人的“关系亲近”是不同的,这部分学生占总人数的 88.3%;另外 21 690 名学生认为二者并无不同,占比 11.7%,见表 3-51。

表 3-51 两个人的“关系熟悉”与“关系亲近”是否不同

选项	人数	百分比 /%
是	164 180	88.3
否	21 690	11.7

十二、学习问题

在参与调研的 185 870 名高校学生中，13 932 名学生表示自己目前无个人目标,占比 7.5%;有 40 740 名学生表示自己目标迷茫,占比 21.9%;有 97 457 名学生表示自己有短期目标,占比 52.4%;另有 33 741 名学生表示自己有长期目标,占比 18.2%,见表 3-52。

表 3-52 高校学生个人目标情况

个人目标	人数	百分比 /%
无目标	13 932	7.5
目标迷茫	40 740	21.9
有短期目标	97 457	52.4
有长期目标	33 741	18.2

调研结果显示，112 968 名学生认为自己当前学习竞争压力过大,占总人数的 60.8%,见表 3-53。

表 3-53 当前学习竞争压力是否过大

选项	人数	百分比 /%
是	112 968	60.8
否	72 902	39.2

此外，85 527 名学生认为自己当前的学习任务过重,占总人数的 46.0%,见表 3-54。

表 3-54　当前的学习任务是否过重

选项	人数	百分比 /%
是	85 527	46.0
否	100 343	54.0

77.2% 的学生表示自己能合理规划学习时间，22.8% 的学生表示自己不能合理规划时间，见表 3-55。

表 3-55　自己能否合理规划学习时间

选项	人数	百分比 /%
能	143 484	77.2
否	42 386	22.8

48.4% 的学生表示自己目前对学习已经产生倦怠心理，有 51.6% 的学生表示自己目前尚未对学习产生倦怠心理，见表 3-56。

表 3-56　自己目前是否对学习产生倦怠心理

选项	人数	百分比 /%
是	90 024	48.4
否	95 846	51.6

参与调研的 185 870 名高校学生的挂科情况见表 3-57。

表 3-57　高校学生的挂科情况

挂科情况	人数	百分比 /%
从未挂科	148 517	79.9
挂科但已经重修通过	20 882	11.2
有少量挂科但有信心通过	14 980	8.1
有大量挂科且无信心通过	1 491	0.8

十三、专业问题

在参与调研的 185 870 名高校学生中，157 434 名学生对自己所学的专业感到满意，占比 84.7%；28 436 名学生对自己所学的专业感到不满意，占比 15.3%，见表 3-58。

表 3-58　对自己所学的专业是否满意

选项	人数	百分比 /%
是	157 434	84.7
否	28 436	15.3

79.7% 的学生表示对现在所学的专业感兴趣，20.3% 的学生表示对现在所学的专业不感兴趣，见表 3-59。

表 3-59　对自己所学的专业是否感兴趣

选项	人数	百分比 /%
是	148 122	79.7
否	37 748	20.3

82.1% 的学生表示自己有能力学好现在的专业，有 17.9% 的学生者表示自己没有能力学好现在的专业，见表 3-60。

表 3-60　是否有能力学好现在的专业

选项	人数	百分比 /%
是	152 668	82.1
否	33 202	17.9

83.3% 的学生表示自己能跟上所学专业的学习进度，有 16.7% 的学生表示自己无法跟上所学专业的学习进度，见表 3-61。

表 3-61 能否跟上所学专业的学习进度

选项	人数	百分比 /%
能	154 800	83.3
不能	31 070	16.7

在参与调研的高校学生中，159 820 名学生表示自己能适应所学专业的学习方式，占比 86.0%；26 050 名学生表示自己无法适应所学专业的学习方式，占比 14.0%，见表 3-62。

表 3-62 能否适应当前的专业学习方式

选项	人数	百分比 /%
能	159 820	86.0
不能	26 050	14.0

在参与调研的高校学生中，44 737 名学生表示自己有转专业的想法，占比 24.1%；141 133 名学生表示自己并没有转专业的想法，占比 75.9%，见表 3-63。

表 3-63 是否有转专业的想法

选项	人数	百分比 /%
是	44 737	24.1
否	141 133	75.9

在被询问当初在选择专业时自己对所选专业的了解程度时，表示“较不了解”和“完全不了解”的学生占比 12%。这个结果表明在选择专业时学生对所选专业有较好的了解，见表 3-64。

表 3-64 对所选专业的了解程度

了解程度	人数	百分比 /%
非常了解	29 045	15.6
较了解	63 047	33.9
一般	71 576	38.5
较不了解	14 722	7.9
完全不了解	7 480	4.1

部分学生还表示学校应为其提供就业方向、发展前景、薪资待遇等方面的指导，见表 3-65。

表 3-65　高校学生希望学校提供的指导类型

指导类型	是否需要	人数	百分比 /%
就业方向	是	144 417	77.7
	否	41 453	22.3
发展前景	是	133 114	71.6
	否	52 756	28.4
薪资待遇	是	104 725	56.3
	否	81 145	43.7
求职指导	是	107 324	57.7
	否	78 546	42.3
个性化生涯制定	是	93 132	50.1
	否	92 738	49.9

十四、恋爱问题

在参与调研的 185 870 名高校学生中，104 013 名学生表示自己有过恋爱经历，占比 56.0%，见表 3-66。

表 3-66　有无恋爱经历

选项	人数	百分比 /%
有	104 013	56.0
无	81 857	44.0

56.3% 的学生表示自己能够接受异地恋，43.7% 的学生表示自己不能接受异地恋，见表 3-67。

表 3-67　能否接受异地恋

选项	人数	百分比 /%
能	104 588	56.3
不能	81 282	43.7

当恋爱和学习发生冲突时，87.3% 的学生认为学习更重要，12.7% 的学生认为恋爱更重要，见表 3-68。

表 3-68　当恋爱和学习冲突时哪个更重要

选项	人数	百分比 /%
恋爱	23 670	12.7
学习	162 200	87.3

在参与调研的 185 870 名高校学生中，55 705 名学生表示自己正在恋爱，见表 3-69。

表 3-69　恋爱状态

恋爱状态	人数	百分比 /%
正在恋爱	55 075	29.6%
还未恋爱	130 795	70.4%

调查结果显示，在 55 705 名正在恋爱的学生中有 31 359 人属于异地恋，占比 56.3%，见表 3-70。

表 3-70　是否属于异地恋

选项	人数	百分比 /%
是	31 359	56.3
否	24 346	43.7

十五、社团社交

在参与调研的 185 870 名高校学生中，167 389 名学生表示自己有亲密的朋友，占比 90.1%；18 481 名学生表示自己没有亲密的朋友，占比 9.9%，见表 3-71。

表 3-71　有无亲密朋友

选项	人数	百分比 /%
有	167 389	90.1
无	18 481	9.9

参与调研的高校学生主要通过微信、QQ 好友动态了解班上同学的有 108 080 人，占总人数的 58.1%；主要从别人口中了解班上同学的有 17 823 人，占比 9.6%；通过面对面交谈了解班上同学的有 58 327 人，占比 31.4%；通过其他方式了解班上同学的有 1 640 人，占比 0.9%，见表 3-72。

表 3-72　了解班上同学的方式

方式	人数	百分比 /%
微信、QQ 好友动态	108 080	58.1
从别人口中	17 823	9.6
面对面交谈	58 327	31.4
其他	1 640	0.9

选择通过微信或 QQ、其他社交媒体和面对面交谈的方式与心理委员进行沟通的学生分别占 59.8%、10.4% 和 29.8%，见表 3-73。

表 3-73　和班级心理委员沟通的方式

方式	人数	百分比 /%
微信或 QQ	111 203	59.8
其他社交媒体	19 386	10.4
面对面交谈	55 281	29.8

另外，社团活动也是高校学生进行社交的重要形式，高校学生参加的社团数量情况见表 3-74。

表 3-74　高校学生参加的社团数量

参加的社团数量	人数	百分比 /%
0	66 047	35.5
1	62 691	33.7
2	39 223	21.1
3	10 759	5.8
4	2 723	1.5
5	1 451	0.8

续表

参加的社团数量	人数	百分比 /%
6	747	0.4
7	485	0.3
8	360	0.2
9	252	0.1
10 及以上	1 132	0.6

调研结果显示，高校学生出于发展兴趣爱好而加入社团的占比 42.9%，为了结交更多朋友而加入社团的占比 20.8%，为了提升社交技能而加入社团的占比 24.8%，单纯好奇而加入社团的占比 9.9%，出于其他目的加入社团的占比 1.6%，见表 3-75。

表 3-75　高校学生参加社团的目的

目的	人数	百分比 /%
发展兴趣爱好	79 782	42.9
结交更多的朋友	38 674	20.8
提升社交技能	46 106	24.8
单纯好奇	18 439	9.9
其他	2 869	1.6

十六、宿舍问题与手机使用情况

调研结果显示，159 139 名学生表示有必要在大学开学时根据作息习惯、和性格爱好分配宿舍，占总人数的 85.6%，见表 3-76。

表 3-76　是否有必要根据作息习惯和兴趣爱好分配宿舍

选项	人数	百分比 /%
是	159 139	85.6
否	26 731	14.4

参与此次调研的高校学生每日使用手机平均时长见表 3-77。

表 3-77　高校学生每日使用手机平均时长

平均时长	人数	百分比 /%
0~2 小时	6 475	3.5
2~4 小时	23 664	12.7
4~6 小时	61 044	32.9
6~8 小时	46 469	25.0
8 小时以上	48 218	25.9

十七、其他

155 032 名学生认为此次调研有意义，占总人数的 83.4%，见表 3-78。

表 3-78　此次调研有无意义

选项	人数	百分比 /%
有	155 032	83.4
无	30 838	16.6

138 477 名学生想知道本次调研的结果，占总人数的 74.5%，见表 3-79。

表 3-79　是否想知道本次调研结果

选项	人数	百分比 /%
很想	138 477	74.5
不想	47 393	25.5

第四部分　第五届“全国百佳心理委员”名单（2022）

经中国心理学会心理危机干预工作委员会、全国高校心理委员研究协作组的相关专家评审，第五届“全国百佳心理委员”及“全国百佳心理委员提名奖”名单如下。

一、“全国百佳心理委员”名单（表 4-1）

表 4-1　“全国百佳心理委员”名单

姓名	学校
丁文静	济南职业学院
万子欣	井冈山大学
马丽萍	乐山师范学院
马俊超	吉林电子信息职业技术学院
马雪怡	四川建筑职业技术学院
王一楠	四川师范大学
王心怡	新疆财经大学
王可欣	湖南大学
王光海	陕西铁路工程职业技术学院
王雨姝	华中科技大学
王佳富	吉林师范大学
王素娟	天津大学
王晓宇	河北轨道运输职业技术学院
王圆	新疆师范大学
王悦	扬州大学
王智菲	东华理工大学
王嘉敏	华东理工大学

续表

姓名	学校
王豪坤	北京大学
王璐瑶	中山大学
王馨可	中国矿业大学
毛亚心	衢州职业技术学院
文霄鸿	绵阳职业技术学院
方向	湖北经济学院法商学院
孔悦悦	新疆工程学院
卢一鸣	吉林外国语大学
叶志茂	惠州学院
叶利荣	四川工商职业技术学院
叶柳彤	成都信息工程大学
叶航初	浙江海洋大学
田砚秋	西北工业大学
史恩奇	陕西师范大学教育学部
冉梦彤	中国药科大学
付渝茜	中南财经政法大学
代传芝	邵阳学院
冯听一	延边大学
冯佳欢	湘潭大学
冯绕绕	河北医科大学
兰文希雨	北方民族大学
权开楠	石河子大学
吕廷嵩	中国石油大学(北京)克拉玛依校区
吕静怡	海南大学
刘一诺	济南工程职业技术学院
刘芷铭	北京电子科技学院
刘轩	北方民族大学
刘炜莹	广东岭南职业技术学院
刘康	安徽师范大学
刘智元	海南大学
刘婷	新疆工程学院

续表

姓名	学校
闫壮	河海大学
孙依璇	江苏师范大学
孙菁婕	东北电力大学
李二龙	南昌工程学院
李兆礽	襄阳职业技术学院
李阳	湖北城市建设职业技术学院
李好	咸宁职业技术学院
李杉	江苏大学
李思诺	阜阳师范大学
李桦楠	中国科学技术大学
李萍	江西中医药大学
李啸竹	中南财经政法大学
李涵宇	西安交通大学
李景瑞	安庆师范大学
李腾宇	广西大学
李瑶叶	滁州学院
杨天资	湖北中医药大学
杨远方	南阳理工学院
杨佩卓	成都大学
杨依霏	重庆大学
杨孟薪	黑龙江能源职业学院
杨春燕	西南科技大学
杨赵雯	山西财经大学
杨奕航	西北大学
杨晓艳	重庆大学
杨慧玲	河南师范大学
杨馨雨	集美大学
豆鑫	华中农业大学
肖惠榕	江西外语外贸职业学院
吴少菊	云南大学滇池学院
吴俊杰	海口经济学院

续表

姓名	学校
吴晓雨	中南大学
吴倩怡	浙江交通职业技术学院
吴紫萱	文华学院
吴韵雯	上海理工大学
吴聪聪	浙江师范大学
邹良倩	昌吉职业技术学院
辛梓萌	华东师范大学
汪润	天津大学
沈恬伊	大连艺术学院
宋天昕	浙江师范大学
宋金兰	滨州学院
宋彩虹	上饶师范学院
张天仪	复旦大学
张文	重庆三峡学院
张文蕾	河北工业大学
张雨童	重庆师范大学
张忠良	西安培华学院
张佩玉	秦皇岛职业技术学院
张晓琪	深圳信息职业技术学院
张浩宸	南京航空航天大学
张浛	湖南大学
张超凡	大连艺术学院
张楠彬	重庆师范大学
陆海月	安徽科技学院
陈子豪	华中科技大学
陈志华	齐鲁师范学院
陈季晴	江西师范大学
陈诗涵	福州大学
陈香菘	长沙民政职业技术学院
陈健	江苏大学
陈嘉靖	遵义医科大学

续表

姓名	学校
武芊芊	电子科技大学
林子曦	东北大学
欧翠瑛	新余学院
罗雨婷	西南科技大学
金欣怡	浙江旅游职业学院
金海铝	浙江树人学院
金蕾	东南大学
周佳梅	天津商业大学
周洁	新疆师范大学
周晨茜	安徽师范大学
周涵	河南工业大学
周婷婷	江西师范大学
郑茹	浙江师范大学行知学院
赵明慧	延边大学
赵芷萱	复旦大学
赵炫博	河南中医药大学
赵雪儿	贵州轻工职业技术学院
赵鸿妍	江苏城乡建设职业学院
胡钰洁	四川轻化工大学
柳敬云	南京信息职业技术学院
段瞬予	长春工业大学
侯楠	天津商业大学
饶婷	海南师范大学
施嘉蓉	上海第二工业大学
姜娜	江南大学
姜露	武汉交通职业学院
姚佳忆	合肥工业大学
钟成莉	中国科学技术大学
秦东宇	西南财经大学
倪菁晗	中国科学院大学
徐佳慧	广西大学

续表

姓名	学校
徐炎武	武汉工程大学
徐婧	牡丹江师范学院
凌子珊	广东工业大学
郭茜	陕西科技大学
唐光李	四川工程职业技术学院
黄诗钰	武汉工程科技学院
曹言博	电子科技大学
盛天成	北京林业大学
崔靖雯	吉林化工学院
章延泽	河北工业大学
梁淑萍	岭南师范学院
彭韵力	西安石油大学
葛萱霖	安徽工程大学
韩雨欣	中国石油大学(华东)
韩泽佳	浙江水利水电学院
覃旎	中南民族大学
程柯铭	浙江工业职业技术学院
傅梦楠	浙江海洋大学
傅皓玮	山西晋中理工学院
鲁金玲	山东劳动职业技术学院
温云秀	泸州职业技术学院
谢孟非	福州大学
蒲金鹏	湖北经济学院法商学院
赖晓悦	龙岩学院
蔡婧枫	浙江金融职业学院
廖子倩	西南石油大学
潘璐静	浙江建设职业技术学院
霍金燕	吉林财经大学
濮慧敏	皖西学院

二、“全国百佳心理委员提名奖”名单(4-2)

表 4-2 “全国百佳心理委员提名奖”名单

姓名	学校
丁沼南	山西工程科技职业大学
于岩	扬州大学
马艺菡	四川师范大学
王子怡	四川轻化工大学
王友婷	贵州财经大学
王丹阳	吉林铁道职业技术学院
王有娜	东南大学
王思博	江苏大学
王亮	上海第二工业大学
王冠霖	滨州职业学院
王晓玉	河南师范大学
王湘鲁	陕西科技大学
王鹏宇	东北大学
王馨	南京航空航天大学
卞钰蝶	昌吉职业技术学院
方佳玲	浙江水利水电学院
邓奥	新疆财经大学
石金杰	安徽师范大学
石舒心	吉林化工学院
龙羿璇	吉林外国语大学
卢梦	河海大学
付宁政	江苏师范大学
冯楚然	中南大学
成子怡	河南工业大学
朱子烨	邵阳学院
朱宜俊	上海理工大学
朱桂宏	东南大学

续表

姓名	学校
刘知睿	吉林医药学院
刘骁	天津大学
刘健康	滁州学院
关星驰	陕西铁路工程职业技术学院
孙烨璇	河北工业大学
孙新	海南大学
牟红	重庆三峡学院
苏是中	河北轨道运输职业技术学院
李小阳	遵义医科大学
李文悦	重庆大学
李玥姣	河南中医药大学
李欣	东华理工大学
李采璇	华南师范大学
李莜昕	绵阳职业技术学院
李晨洋	湘潭大学
李婕	江南大学
李维托	皖西学院
李程远	河南工业大学
李腾辉	河南城建学院
杨玉恒	合肥工业大学
杨可可	石河子大学
杨安	井冈山大学
杨雨佳	湖南大学
杨欣慧	东华理工大学
杨凌	中国矿业大学
杨添奥	西南财经大学
杨裕琪	西北工业大学
肖陈	新疆师范大学
吴冬梅	贵州财经大学
邱安宁	浙江金融职业学院
邹昕钰	长春工业大学

续表

姓名	学校
汪凡	浙江建设职业技术学院
沈栎秋	四川轻化工大学
宋鑫	西南石油大学
张子琪	集美大学
张庆晨	济南职业学院
张宇环	陕西铁路工程职业技术学院
张杏杏	集美大学
张妍琴	扬州大学
张佳力	石河子大学
张佳敏	武汉东湖学院
张思葶	江西师范大学
张科	济南工程职业技术学院
陈志贤	华中科技大学
陈杜敏	深圳信息职业技术学院
陈单瑞	西南科技大学
陈禺涵	福州大学
陈梦萍	成都大学
陈梦婷	华东师范大学
范城磊	吉林铁道职业技术学院
范茜珺	中南大学
林婧	中国矿业大学
岳俊宏	成都信息工程大学
周天然	吉林水利电力职业学院
郑一帆	浙江树人学院
郑泽敏	广东工业大学
孟庆坤	牡丹江师范学院
赵君祎	安庆师范大学
赵英男	文华学院
赵艳昌	吉林师范大学
赵瑶	湘潭大学
郝庆鑫	山东劳动职业技术学院

续表

姓名	学校
钟雨格	四川师范大学
钟美琳	广西大学
段心艺	西北大学
俄么磋	四川建筑职业技术学院
饶思琪	上饶师范学院
施佳利	西南石油大学
姚成梅	长沙民政职业技术学院
晏雨涛	成都职业技术学院
钱子可	华东师范大学
徐海松	东北大学
徐隆燕	遵义医科大学
栾晓琳	吉林电子信息职业技术学院
高艺凡	滁州城市职业学院
高健	陕西科技大学
高雯雯	浙江师范大学
郭初泠	北京林业大学
郭霞祯	天津商业大学
陶永全	浙江水利水电学院
崔纪扬	中南民族大学
符俊	武汉工程科技学院
彭生坤	邵阳学院
彭罗健	西安交通大学
景红宇	江苏城乡建设职业学院
程庆菊	贵州财经大学
程靖	南阳理工学院
焦永心	西安培华学院
谢涛森	岭南师范学院
赖晓微	江西中医药大学
阙琴溶	安徽工程大学
褚瑞琪	西安石油大学
蔡承霖	华东理工大学

续表

姓名	学校
燕美彤	吉林师范大学
魏莹莹	合肥工业大学

中国心理学会心理危机干预工作委员会
全国高校心理委员研究协作组
2022 年 12 月 12 日

第五部分　第六届全国高校心理情景剧获奖名单（2022）

由国家心理健康和精神卫生防治中心、中央广播电视总台社教节目中心社会节目部《心理访谈》栏目、中国心理学会心理危机干预工作委员会、全国高校心理委员研究协作组联合主办的第六届全国高校心理情景剧优秀剧目展演于2023年6月2日在吉林外国语大学成功举办，展演结果见表5-1至表5-2。

表5-1　一等奖剧目

学校	剧目
湖北三峡职业技术学院	《终极天使》
华东理工大学	《下一页的我》
华中农业大学	《计算爱情》
山东轻工职业学院	《我亦是我》
成都锦城学院	《冷热光》
吉林外国语大学	《陀螺》
北京大学	《听！生命》

表5-2　二等奖剧目

学校	剧目
西南民族大学	《再次仰望》
重庆师范大学	《拯救恋爱脑》
上海戏剧学院	《我有一个梦想》
西安电子科技大学	《看不见的枷锁》
四川大学	《天台审判》
闽南师范大学	《梦寻》
安徽师范大学	《超“拖”不凡》
河海大学	《追逐星星的你》

续表

学校	剧目
河南职业技术学院	《寻心》
新疆师范大学	《时之花》

表 5-3　三等奖剧目

学校	剧目
兰州大学	《重启,寻找孙悟空》
大连大学	《前路漫漫亦灿灿》
井冈山大学	《心墙》
东北大学	《挣脱美丽的枷锁》
宁波大学	《光》
天津大学	《难道这是我的错吗》
湖南信息学院	《冀醒来的一天》
长沙民政职业技术学院	《月亮粑粑》
江苏城乡建设职业学院	《走开,网络妈妈》
山东司法警官职业学院	《神奇眼镜》
浙江理工大学	《都是为你好》
石河子大学	《逐“吾”》
龙岩学院	《上岸》
贵州财经大学	《月落》
四川化工职业技术学院	《危笑》

5-4　单项奖的剧目

奖项	学校	剧目
最佳男主角	北京大学	《听！生命》(郑少阳的扮演者闻安达)
最佳女主角	成都锦城学院	《冷热光》(冷热光的扮演者高宇晗)
最佳男配角	兰州大学	《重启,寻找孙悟空》(孙悟空的扮演者宿智博)
最佳女配角	西南民族大学	《再次仰望》(阿嬷的扮演者刘贺卓钰)
最佳导演	华东理工大学	《下一页的我》
最佳编剧	重庆师范大学	《拯救恋爱脑》
最佳创意剧目	华中农业大学	《计算爱情》
最佳道具设计	湖北三峡职业技术学院	《终极天使》

续表

奖项	学校	剧目
最佳舞台效果	河海大学	《追逐星星的你》
最佳组织单位	吉林外国语大学	

表 5-5　百佳剧目

学校	剧目
广西大学	《逆转标签》
江西农业大学	《你好》
皖西学院	《戈多空间》
山西晋中理工学院	《天平》
南京农业大学	《在沙豆小村的奇妙旅行》
滁州城市职业学院	《予你黎明》
上海政法学院	《封不疯》
桂林信息科技学院	《以爱为名》
江西财经大学	《向你靠近的那一步》
西南财经大学	《在此山中》
大连艺术学院	《光·芒》
四川轻化工大学	《向阳绽放》
中国科学院大学宁波材料所	《心灵奇妙夜》
东北电力大学	《新生》
成都理工大学	《黑白彩虹》
浙江交通职业技术学院	《Black dog》
南通大学	《顶楼》
四川工商职业技术学院	《情绪人》
重庆大学	《成像》
安庆师范大学	《沙盘往事》
合肥工业大学	《生死梦境》
杭州医学院	《抉择》
菏泽学院	《跨过去，前面就是光》
长春中医药大学	《重返两分半》
温州科技职业学院	《面具》
四川师范大学	《我叫程默》

续表

学校	剧目
长沙幼儿师范高等专科学校	《照进梦想里的光》
丽水学院	《黑盖彩》
浙江传媒学院	《独角戏之王》
西南石油大学	《是妈妈是女儿》
山东农业大学	《以“帽”取人》
太原师范学院	《追自己》
湖北科技职业学院	《不一样又怎样》
西昌民族幼儿师范高等专科学校	《成为自己的光》
长沙学院	《一分零一秒》
重庆三峡学院	《树林荫翳》
淄博师范高等专科学校	《键盘侠》
天津职业技术师范大学	《逐光而行》
湖北大学	《心·镜》
西南科技大学	《谁在倾听》
南昌理工学院	《假面》
云南师范大学	《但得青春无限好》
浙江旅游学院	《双重梦境》
郑州财经学院	《听得见我吗?》
中南大学湘雅公共卫生学院	《路上有微光》
江南大学	《此心安处》
长江师范学院	《“愈”见的力量》
湖南科技大学	《小心“按键”伤人》
湖南大学	《不微笑的勇气》
安徽科技学院	《破茧成蝶》
江苏卫生健康职业学院	《过敏》
温州职业技术学院	《“郁”合》
新疆医科大学	《声音》
西京学院	《言刀》
大连民族大学	《风筝》
四川文化产业职业学院	《太阳照常升起》
吉林师范大学	《枷锁》

续表

学校	剧目
福州大学	《迟开的向日葵》
河北农业大学	《摆脱讨好》
浙江树人学院	《心盒子》
浙江工业职业技术学院	《走出心牢,寻觅自我》
华中科技大学	《向 PUA 开战——天使在行动》
北方民族大学	《我没有成为你期待的样子》
海南师范大学心理学院	《一念间》
惠州卫生职业技术学院	《脱胎》
四川音乐学院	《网》
芜湖职业技术学院	《沉梦》
遵义医科大学	《帽外有晴空》
茅台学院	《内在小孩》
湖北科技学院	《奔赴》
大理大学	《她感到很悲伤,却一直在笑》
广西水利电力职业技术学院	《一双红舞鞋》
安徽财经大学	《越郁》
南阳理工学院	《素履以往》
湖北工业大学	《滚蛋吧,emo 君!》
河南工业大学	《欢喜的事》
河南经贸职业学院	《重启》
延边大学	《笼中鸟》
西安石油大学	《你完美的刚刚好》
滨州学院	《蜕变》
西昌学院	《种子》
云南国防工业职业技术学院	《体检》
华东师范大学	《破茧》
仲恺农业工程学院	《渴望》
四川艺术职业学院	《送你一朵小红花》
江西师范大学	《审判》
宁波财经学院国际经济贸易学院	《当我开始爱自己》
内江师范学院	《另一种可能》

续表

学校	剧目
浙江建设职业技术学院	《囚鸟的蜕变》
西华大学	《郝未来？好未来！》
惠州学院	《努力成为自己的光》
洛阳师范学院	《迷雾》
上海应用技术大学	《看不见的利刃》
浙江经贸职业技术学院	《满满的都是爱》
柳州职业技术学院	《心向暖阳》
毕节幼儿师范高等专科学校	《寻美历程》
浙江财经大学东方学院	《失语》
扬州工业职业技术学院	《寻》
天津财经大学	《十八岁》
温州理工学院	《蓝色漩涡》

除已公布的一、二、三等奖剧目与百佳剧目皆为“优秀剧目”且不重复列出外，其他获评“优秀剧目”的122所高校及其剧目见表5-6。

表5-6　优秀剧目

学校	剧目
安徽理工大学	《自渡》
安徽卫生健康职业学院	《荆棘与少年》
宝鸡文理学院	《心桥》
北华大学	《姥姥再爱我一次》
成都大学	《高墙之困》
成都工贸职业技术学院	《生活漫画的着色人》
成都师范学院	《玫瑰不必长成松柏》
成都文理学院	《暗语》
滁州学院	《躁·愈》
电子科技大学成都学院	《黑影》
东北师范大学	《心门》
东华理工大学	《向阳而生》
福建技术师范学院	《声·音》

续表

学校	剧目
福建农林大学	《我是心理委员》
共青科技职业学院	《拥抱成长》
广西民族大学	《何以为家》
贵州电子信息职业技术学院	《拉他一把》
贵州工商职业学院	《丝巾》
哈尔滨医科大学	《在逆光中前行》
海南医学院	《惊醒》
河北大学	《厚朴之梦》
河北轨道运输职业技术学院	《支持的力量》
河南城建学院	《音为有你》
河南中医药大学	《彳亍》
鹤壁职业技术学院	《"排挤"》
黑龙江大学	《像花一样》
黑龙江工程学院昆仑旅游学院	《校园贷不可取》
黑龙江科技大学	《向光而行——与校园霸凌说"不"》
湖北生态工程职业技术学院	《让爱散发光芒》
湖南人文科技学院	《不要轻易离开》
湖南师范大学	《海鸥少年》
湖南中医药大学	《风暴》
华东师范大学	《破茧》
惠州工程职业学院	《逐光》
吉安职业技术学院	《其实你很好》
吉林财经大学	《白学公主上学记》
吉林外国语大学	《陀螺》
吉林医药学院	《东隅已逝桑榆未晚》
济南大学	《心如花木,向阳而生》
济南工程职业技术学院	《西服》
济南职业学院	《蝶变》
江苏护理职业学院	《心光》
江苏农牧科技职业学院	《心"职"为你开》
江苏师范大学	《向阳而生》

续表

学校	剧目
江西建设职业技术学院	《偏爱》
江西理工大学	《直播的莫比乌斯环》
焦作师范高等专科学校	《痘痘大王的没落》
莱芜职业技术学院	《二十不惑》
乐山师范学院	《初心如磐》
岭南师范学院	《认可》
洛阳职业技术学院	《光·影》
闽江师范高等专科学校	《镜中梦旅》
南昌大学	《你就是唯一》
南昌工程学院	《画心》
南昌交通学院	《秋之舞》
南京大学	《海鸥》
南京师范大学	《卸"装"》
南京信息职业技术学院	《成长日记》
宁波职业技术学院	《息"游"记》
衢州学院	《我就是我》
日照职业技术学院	《心茧》
三亚学院	《阵痛期》
山东畜牧兽医职业学院	《做最好的自己》
山东电子职业技术学院	《欲望风暴》
山东职业学院	《"郁"见光》
山西大同大学	《抑语》
山西大学	《拾光》
山西工程科技职业大学	《茧》
陕西财经职业技术学院	《破壳》
陕西铁路工程职业技术学院	《时光列车》
上海师范大学	《雪崩》
上海师范大学天华学院	《结·解》
上饶师范学院	《向光伸手》
邵阳学院	《冷落 透明》
四川大学锦江学院	《我不是卷王》

续表

学校	剧目
四川工程职业技术学院	《寻我》
四川吉利学院	《舞出灿烂》
四川铁道职业学院	《时光旅行者》
四川中医药高等专科学校	《阳光之下》
宿迁学院	《珍惜当下 永远期待》
泰山职业技术学院	《踮脚张望的时光》
天津交通职业学院	《苏醒》
天津商业大学	《不负青春债》
铜川职业技术学院	《杨科“自我”历险记》
铜陵学院	《破茧——做不被定义的风》
潍坊职业学院	《好想爱这个世界啊》
武汉大学	《初霁》
武汉工程大学	《Say no》
武汉工程科技学院	《向阳盛开的我们》
武汉轻工大学	《令人窒息的爱》
西安培华学院	《解药》
西安铁路职业技术学院	《梦回兰若》
西北工业大学	《无我》
西北政法大学	《哭泣吧女孩》
西南财经大学天府学院	《蜕变》
咸宁职业技术学院	《盛开的玫瑰》
新疆财经大学	《芒目倾心》
新疆大学	《对面的女孩看过来》
新疆天山职业技术大学	《麦苗》
新疆铁道职业技术学院	《最初的梦想》
新余学院	《水滴》
扬州大学	《影》
云南大学滇池学院	《打上烟花》
长春大学旅游学院	《因为有你》
长春工业大学	《春暖南湖边》
长春金融高等专科学校	《言且让心安》

续表

学校	剧目
长春师范大学	《百变星君》
浙大城市学院	《找到自己》
浙江安防职业技术学院	《囚》
浙江理工大学科技与艺术学院	《小鱼小鱼》
浙江师范大学行知学院	《假如给我三个愿望》
郑州航空工业管理学院	《"真"朋友》
中国地质大学（武汉）	《原来还有你》
中国海洋大学	《脱轨》
中国计量大学	《青春没有售价，硬座直达拉萨》
中国矿业大学	《慕光》
中国农业大学	《凡所际遇 绝非偶然》
中国石油大学（华东）	《寻心记》
中山火炬职业技术学院	《让爱照进来》
中央戏剧学院	《看见，另一种可能》
中原科技学院	《破茧》
重庆移通学院	《破碎》

第六部分　第十七届全国高校心理委员工作研讨会简况(2022)

一、从依恋理论看大学生人际关系问题

主讲人:肖斌

主讲内容:工作坊主要从大学生的人际关系问题、依恋理论的核心内容和人际关系的修复与发展三个方面开展。肖老师首先从现实中大学生的人际关系问题入手,引发学生对关系问题的思考;其次详细讲解了什么是依恋,依恋理论的发展背景、过程、核心理论和概念以及依恋对人际关系的影响等内容;再次,结合依恋理论从营造家庭环境、改变养育方式等方面对非安全依恋的父母和个体进行干预提供了人际关系修复的策略;最后对师生提出的问题进行了解答。

二、基于心理复原模型的三幕剧探讨

主讲人:陈娟

主讲内容:工作坊基于心理复原模型,通过心理剧促进个体"创伤后成长"。参加者集体体验了从"被害者"到"幸存者",最后成为"成长者"的整个过程,了解了叙事视角下三幕剧的结构内容,并现场共同完成了一部心理剧。大家探讨了如何运用三幕剧的基本结构发展对话和讲故事。参与者积极参与互动,并反馈看到了创伤中的个体可能得到的支持和获得的成长机会和希望。

三、学文以化　主动全域健康

主讲人:韩布新

主讲内容:韩布新研究员以《学文以化　主动全域健康》为题,首先谈及现代人面对的三类问题,即社会适应问题、发展性问题、罪性与终极关怀问题;其次介绍了十六字心传,即"人心惟危,道心惟微;惟精惟一,允执厥中",谈论了心理健

康的灵性根基,以促进大家对积极心理学的深度思考;再次讨论了"四重"(个人、社会、自然、宇宙);最后分别通过家庭、社区、社会、国家、民族层面的一些事例介绍了"成全",并结合先贤智慧从放得下、想得开、拿得起、认得出和立得住五个维度介绍了实现全域健康的途径。

四、激发积极心理、提升朋辈心理资本

主讲人:黄晞建

主讲内容:黄老师从积极心理学概念入手,结合朋辈工作以及心理资本的内涵提出了朋辈心理资本的新概念,由此拓展积极心理学应用的新视角。朋辈心理资本包括朋辈群体与个体的心理与行为能力。朋辈依靠团队、融入团队,以增强克服困难的意志,从而使个体努力地做正确的事情,并在取得较高的绩效中,提升工作满意度和增强生活价值感。朋辈心理资本强调个人的力量和积极性,以及群体的积极心理,而不是纠错与试错;朋辈心理资本反映个体的优点、能量,而不是研究其缺点、问题。黄老师还提出了激发积极心理与提升心理资本的措施。

五、谎言识别可利用的面部线索

主讲人:傅小兰

主讲内容:傅老师首先提出谎言识别的重要性与如何识别谎言;其次从微表情研究入手,对人类说谎的一系列微表情进行了深入探讨,阐述了面部变化(微表情、伪装表情、眨眼率、瞳孔大小、面部皮肤表面温度变化)为谎言识别提供了一些线索,但不能只靠面部变化来判断,因为说真话者很可能和说谎者出现相同的面部变化。因此,对话情景、对话者特点、文化因素等也值得关注。

六、叙事治疗的双核系统——让生命力量蓬勃

主讲人:李焰

主讲内容:李焰教授以《叙事治疗的双核系统——让生命力量蓬勃》为题,介绍了叙事治疗的核心思想:每一个人都是自己生命中的英雄。李焰教授主要介绍了在来访者讲述自己的生命故事时,倾听者要了解主线故事和支线故事,了解来访者的原始模式和发展模式,帮助来访者发现自己的资源,以提高来访者的

生命力。同时李焰教授对叙事治疗的范式进行了系统介绍。在讲座结束之后，许多与会者在直播平台留言，对李焰教授表达谢意。大家对叙事治疗产生了浓厚的兴趣和强烈的共鸣。

七、十八年（2004—2022）来心理委员工作的发展与展望

主讲人：詹启生

主讲内容：詹启生教授以《心理委员工作的发展与展望》为题，主要介绍了心理委员工作发展的四个阶段：第一阶段，心理委员工作的初期探索阶段；第二阶段：心理委员工作的写作交流阶段；第三阶段：心理委员工作的制度建设阶段；第四阶段：心理委员工作的规范发展阶段。詹启生教授对心理委员的角色定位为：自身心理健康维持的示范者，心理健康基本知识的宣传者，心理危机问题的发现者，学生心理健康维护的支持者。心理委员工作的目标是：加强社会心理服务体系建设，培育自尊自信、理性和平、积极向上的社会心态。詹启生教授高屋建瓴，对心理委员工作体系进行了宏观设计，是推动全国心理委员工作快速发展的先行者和领路人。詹启生教授对心理委员工作发展历程的梳理，加强了全体与会师生对心理委员工作发展历程的认知，使其对心理委员工作的界定、性质、目标有了更加清晰的认识。

八、新时代高校心理健康服务体系建设

主讲人：乔志宏

主讲内容：乔志宏首先从在当前工作中受到的严峻挑战入手，谈了目前心理危机面大、人多、病重的特点；其次分析了问题产生的原因，引入“心理素质—应激模型”、“自杀行为的动机—意志整合模型”、自我决定论 SDT 等理论框架，探讨学生产生绝望心理的原因，得出的结论是自主、胜任、归属这三大基本需求没有得到满足；最后介绍了新时代高校心理健康工作的主要思路。思路一：“三全育人”“五育并举”提高素质，包括工作前置、预防为主、校园氛围构建、师生关系融洽等。思路二：构建心理危机干预的网络，即构建更加贴合本校实际情况的校本课程等。

九、人本视角下的朋辈辅导

主讲人:孙时进

主讲内容:孙时进教授以《人本视角下的朋辈辅导》为题,首先从求学经历讲起朋辈辅导之间的影响,提出怎样以人为本,做一些真正跟学生相关、让学生受益的工作。其次,孙时进教授分享了自己对心理咨询工作发展的感受,感慨心理咨询工作起步的艰难和生命力的顽强。最后,孙时进教授结合人本的基本特点(每一个人都是有巨大潜力的,每一个人都是独一无二的,所有人都是平等的等理念),讲解了罗杰斯咨询的三原则(真诚、共感、无条件积极关注)对人本视角下的朋辈辅导的积极影响和重要指导作用。

十、新时代的心理健康服务体系的新政策

主讲人:闫洪丰

主讲内容:闫老师对社会心理服务体系是什么、怎么建设等问题进行了深入分析,提出金字塔模型、同心圆模型,让我们很受启发,为创新高校心理健康教育提供了新的视角。闫老师鼓励我们继续努力,开创社会心理服务体系建设发展新局面,为建设健康中国、平安中国、幸福中国做出积极贡献。

十一、研究生心理委员的培训与管理

主讲人:姚斌

主讲内容:姚斌教授从设置研究生心理委员的必要性、特殊性、存在的问题和工作的难度入手,从五个方面讲述了研究生心理委员培训与管理的相关问题。其一,研究生心理委员的职责和作用,以及与本科生心理委员相比存在的困境和角色定位问题。其二,研究生心理委员的岗位设置和选拔机制。其三,研究生心理委员的培训,详细地讲述了研究生心理委员培训的主题和内容。其四,研究生心理委员的日常管理,从管理机制、激励制度、督导指导、使命感和价值感的激发等角度进行探讨。其五,研究生心理委员效能提升。姚斌老师简洁凝练地讲述了如何开展研究生心理委员的培训与管理工作。

十二、人本主义取向之朋辈辅导培训课程体系的构建与成效

主讲人:叶一舵

主讲内容:叶一舵教授从高校心理委员朋辈辅导培训重要性出发,在实证研究的基础上,构建了朋辈辅导培训的课程体系。该课程体系以人本主义核心理念为理论基础,以传授心理学知识和提高心理委员的辅导技能为目标,促进心理委员的自我认知和人际关系和谐发展,主要采用体验式教学的形式,注重心理委员的主体参与性和体验感。在实际操作中,从观念态度层面的改变、知识层面的学习、方法和技能层面的体验入手设计课程内容,依照情境导入、不断体验、反思分享、总结应用体验循环学习的模型,设计每个学习单元。该课程体系致力于营造信任、关爱、安全、民主的气氛,让每个参与者都高度投入并逐步形成一套科学、系统的教学大纲。该课程体系已被许多高校实施应用,取得了良好的效果。

十三、格式塔在朋辈辅导里的应用

主讲人:费俊峰

主讲内容:费老师以大学生的常见心理困惑入手,介绍格式塔流派心理治疗理论的精髓及其在高校学生朋辈心理辅导中的应用。费老师结合案例介绍格式塔流派的要点,如重视存在的意义,重视当下,重视个体的需求,解除现实功能的阻碍等。对于心理委员来说,格式塔流派的理论与技能的培训可以提高其觉察力和对问题的理解力,提高其朋辈心理辅导的能力。

十四、抚慰哀伤之痛

主讲人:章劲元

主讲内容:章老师从“不当的安慰”“无效的安慰”“需要避免的安慰”等哀伤辅导的误区入手,切入哀伤辅导的主题,讲解什么是“走心的安慰”,提出“最重要的‘人’和‘心’在那儿”“及时陪伴是最好的安慰”。在哀伤辅导操作性实践阐述的基础上,章老师介绍了哀伤的历程以及哀伤辅导的目标和要素。他指出哀伤辅导要尊重哀伤发展的回避、面对、重组等历程,其目标是重建个人生命故事,协助当事人放下恐惧、疗愈哀伤,“放先人,而后自我成长”。摆脱哀伤之痛的要素包括认知转化、沟通放下和向死而生。通过真诚而充满情感的讲解,章

老师帮助助人者更好地理解了哀伤辅导的本质内涵和操作要务。

十五、内心充满“爱”是助人的前提

主讲人:田宝伟

主讲内容:田教授首先从心理委员开展朋辈辅导时遇到的实际困境出发,指出不恰当的帮助不仅不能奏效,还会引起对方的不满和遭受对方的拒绝。做一个有效能的助人者,是心理委员的共同追求。其次,田教授从素质冰山模型出发,提出助人者最大的助人资源是自己,助人者应从关系入手,提升受助者的安全感和信任感,鼓励对方打开自己的内心、正视问题并积极想办法解决问题。最后,田教授提出助人者需要做好修“心”和修“道”两方面:一方面要加强专业学习,不断获得成长;另一方面要不断提升对于人性的理解,做一个有爱、有心的“人”。最后,田教授分享了北京交通大学心理委员培训体系和个人多年的工作体悟,鼓励心理委员、心理健康教育工作者不断提升专业助人的能力。

十六、叙事思维在大学生心理危机干预中的应用

主讲人:李焰

主讲内容:李教授围绕叙事治疗与危机干预这一主题,结合具体咨询案例,从转换视角的角度进行叙事治疗的讲解。叙事治疗可以帮助人认识到“我有力量”“我可以寻找资源”“每个人都是自己生命里的英雄”“每个人天生都有积极的自我认同”“来访者身上都有积极的力量”。李教授帮助来访者找到成长的力量,从而共建一个新故事。李教授也对叙事治疗的外化技术、团体辅导技术等进行了讲解。

通过听李教授的讲座,老师和同学们感受到了寻找生命故事的意义,使自身充满了能量,眼里充满了光芒,心里充满了希望,从而用全新的视角发现生活中的美好。

十七、积极心理情景剧——探索“希望”之路

主讲人:李永慧

主讲内容:李老师首先通过问卷调查,让大家发现自身的积极品质,为后面的内容做铺垫,同时使学生进行思考,明白每个人都有积极和消极的情绪,学会

如何转换是很重要的,并引出讲座的主题。其次,李老师提出两个问题,让学生带着问题观看心理情景剧《火花》。大家看完后感受颇深并进行了分享。大家通过直观的感受和李老师的讲解,看到了消极情绪向积极情绪转换的过程和方法。最后,詹老师和李老师带领大家现场创作了一部心理情景剧。整场内容由浅入深,使大家在体验中收获成长,留下了一段美好的回忆。

十八、高校心理委员利他行为对实施者和接受者幸福感的影响:工作旺盛感的中介作用

主讲人:王敬群

主讲内容:王教授对工作旺盛感在高校心理委员利他行为中对实施者和接受者幸福感影响的中介作用进行了研究。本次报告从研究背景、研究过程和研究结果三方面对进行了介绍。王教授首先介绍了研究的背景。心理委员是高校心理健康教育工作的主力军,但是高校心理委员存在感较低,隐形属性突出。其次,研究基于社会嵌入模型和个人成长模型,首次将工作旺盛感引入对心理委员的研究中。最后,王教授对研究结果进行了介绍。利他行为对个体产生积极的影响,工作旺盛感能有效提升个体的主观幸福感。王教授的研究从实证的角度给高校心理委员的培养以及如何更好地发挥心理委员的积极作用提供了理论支持。

十九、心理委员倾听能力训练

主讲人:李永慧

主讲内容:李老师分享其所在学校心理委员倾听能力训练经验,包括问卷选取、八次团体训练等,为心理委员的培训工作提供了很好的工作范本,切实提高了心理委员的工作能力和用"行"传意、听而有应、体察关注等具体的倾听能力。李老师的经验不仅可以应用到提高心理委员的倾听能力上,还可以拓展应用到胜任力模型中其他的组织能力、自我认知、团队合作等能力的提升上,对于心理委员培训有很好的借鉴意义。

二十、在高校大思政工作中发挥心理委员作用的思路

主讲人:肖斌

主讲内容:首先肖主任通过习近平在全国高校思想政治工作会议上的重要讲话引出教育的根本问题。其次,肖主任从大思政和思政工作的内容结构角度介绍了大课程、大主体、大过程、大领域,强调了心理健康教育是基础。再次,肖主任介绍了心理学在思政工作中的功能及思政工作队伍的组成、工作目标及高校心理健康工作的目标——以促进学生卓越创新发展为最高目标,以守护学生身心健康安全为最低目标。最后,肖主任指出高校心理健康工作队伍中心理委员和朋辈的作用,重点讲解了心理委员的角色定位、原则和性质。

二十一、绘画疗法在高校心理咨询中的应用探索

主讲人:赵卫平

主讲内容:赵教授首先结合自己在工作中的实践,将绘画疗法在高校心理咨询中的应用向大家分享。赵教授结合工作中的实际案例,特别是心理危机及沟通困难的案例,进行了绘画疗法运用的示范,帮助学生用更直观的方法,看见心理危机背后学生内心潜在的心理动机。同时,赵教授在绘画中探索改变的可能性和行动的切入点。听完赵教授的讲座,学生收获颇丰,并期待在将来的咨询实践中运用绘画疗法。

二十二、主题心理班会在新生破冰团建中的应用

主讲人:余金聪

主讲内容: 余老师的讲座围绕本校的心理委员实践项目——主题心理班会展开,从项目背景、项目实施过程和工作启示三个方面进行分享。首先余老师通过理论和研究数据进行背景分析;其次余老师讲解了方案设计、方案培训、班级实施的过程,并进行总结反馈。在班级实施过程的展示中,余老师通过播放录制的视频,使学生直观地感受到了余老师设计的主题心理班会的魅力。整个方案设计科学严谨,内容充满活力,贴近学生的需求,有温度、有深度,非常有感染力。

余老师的经验分享对各高校班级心理委员开展班级心理活动起到了很好的借鉴作用。

二十三、高校心理委员选培机制的探索——基于心理画像技术的调查研究

主讲人:陈娟

主讲内容:陈老师的报告主题具有较强的实践意义,对发挥心理委员在心理工作中的重要作用、选拔培训心理委员、建立心理委员的激励机制具有借鉴价值。报告通过调查研究,了解心理委员群体,形成了心理委员画像。心理委员的特点主要包括有较强的主动成长需求、良好的胜任能力、强烈的助人意愿。报告抓住了心理委员选拔培训机制的痛点——随着年级的升高心理委员的热情逐步降低的现实,提出应采取有效举措保持心理委员的助人热情,增强其身份认同,保护其内部动机,而非强化外部动机。报告分析了心理委员的真实需求:①发展性的需求,有积极取向、资源取向,而非自己有心理问题;②学习知识、技能需求;③实践锻炼的需求;④获得同学认可的需求。报告基于现状开展了实践探索,建立了储备库、组合拳、共同体、同心圆“四位一体”的有效举措,切实提升了心理委员的积极性和胜任力。

二十四、以心育心知心暖心——天津商业大学学生朋辈互助体系实践探索

主讲人:李积鹏

主讲内容:李老师首先对学校的学生朋辈互助工作进行了简要介绍,其次报告了学校学生朋辈互助工作的具体实施情况和相关经验。在学生朋辈互助实践中,学校以全员、全过程、全方位育人为统领,依托“学校—学院—班级—宿舍”四级心理危机干预机制,坚持多措并举、系统思维,着力打造高水平学生朋辈互助队伍,着力开展创新性心理健康活动,着力促进心理育人与思政育人深度融合。学校以班杜拉社会学习理论为基础,积极构建“四个一体化”“四个相结合”学生朋辈心理互助体系。最后,李老师从不断提升学生朋辈互助队伍的胜任力,不断提升学生朋辈互助模式的精准性,不断提升心理育人与思政育人的融合度三个方面进行工作展望。

二十五、心理委员与朋辈论文交流论坛

心理委员与朋辈论文交流论坛的主讲嘉宾及其主讲内容如下。

(一)史秀玉:"三全育人"背景下高职院校心理委员心理助人工作创新模式研究

学校作为"三全育人"试点高校,开展"三全育人"教育改革,形成"三全育人"体系,构建学校、学院、班级等心理辅导多级管理模式。育人理念从预防干预到提升积极心理品质,强调全员育人。介绍"三全育人"背景下心理委员的心理助人创新工作模式。

(二)王群:高校心理委员胜任力与幸福感的关系——自我同情和希望的链式中介作用

结合心理委员选拔、培养的需要,探讨心理委员胜任力与幸福感的关系,并考察了自我同情和希望在胜任力与幸福感间的中介作用。王老师通过253位心理委员的问卷数据,构建结构方程模型,发现心理委员胜任力可以经由自我同情和希望,显著预测幸福感。此发现很有意义,对选拔、培养心理委员很有启发性。

(三)骆贵:高校心理委员胜任力结构及培养路径探究

通过对584位心理委员的胜任力调查,考察心理委员在知识理念、助人技能、人格特质、职业伦理四个方面的胜任力。总结出心理委员工作存在的三个问题:心理委员选拔机制不健全、心理委员能力发展不均衡、心理委员的管理考核不完善,并提出心理委员胜任力培养的路径,如打造"三位一体"的顶层设计、构建"四环融合"的培养模式、"五级贯通"的管理机制。

(四)冯桂梅:心理剧教学法在高校心理委员培训中的应用

首先介绍了心理剧的起源和发展以及操作流程;其次介绍了心理剧在心理委员培训中的作用,如有利于心理委员心灵成长、建立和谐的人际关系、提高培训的实际操作性等。心理剧是一种独特的、互动性的教学方法,有其独特的魅力。

(五)孔丽:疫情常态化背景下高校心理委员培养机制探究

结合研究大众心理方面高发的问题及国内疫情防控常态化的背景,提出心理委员工作面临的挑战及其应对建议。如以"职业信仰"为核心构建培养体系,完善培训渠道、强化专业理论,构建实践活动平台、强化专业技能,搭建评比平

台等。

（六）史同笑：心理委员进行危机识别的操作机制：以自杀为例

以自杀为例，探讨心理委员如何进行心理危机识别工作。详细介绍了自杀识别的操作机制，并提出了个人的思考和展望，例如将心理剧作为一种教学方法，开展心理知识竞赛等活动，为心理委员危机识别培训提供了素材。

（七）刘丹：高校心理委员识别大学生常见心理问题的对策思考

结合高校学生心理问题比较突出和此类问题受关注度较高的现状，介绍大学生心理问题的分类，指出心理委员在识别大学生常见心理问题中存在的问题，如心理委员心理知识缺乏、在问题识别过程中职责边界模糊等；提出提高心理委员识别大学生常见心理问题的能力的对策，如加强心理知识培训、将职责边界清晰化、关注心理委员的心理健康等。

（八）李梦日：心理委员陪伴

讲解心理委员陪伴的概念，介绍线下陪伴和线上陪伴的优点和局限性，介绍心理陪伴的技能训练方式，如心理委员专业知识培训和心理委员的个人发展。

（九）宋方林：心理委员在高校心理健康服务中转介模式的探索

介绍心理委员在心理健康服务中的转介模式，如转介的标准、转介的流程和注意事项等。

（十）彭维：高校心理委员朋辈辅导培训结构体系建构

介绍了高校心理委员朋辈辅导培训结构体系建构，心理委员的职能发展、心理委员的培训内容与模式等，并结合相关调查结果介绍了高校心理委员培训、考核等情况。

（十一）李小鹏：从问题转向发展：新时代心理委员身份的转变与回归

从心理委员制度的发展历程、心理委员身份的发展历程、新时代对心理健康工作的要求、心理委员身份的转变和回归四个方向，介绍心理委员工作的开展及在新时代的转变。探讨心理委员工作在发展中遇到的困境，并提出建议。

（十二）董阳：朋辈心理辅导对大学生心理健康的干预探索

聚焦有留守经历的大学生，探究他们的心理健康特点，并有针对性地开展朋辈心理辅导，同时展示了团体辅导方案供大家学习。

（十三）宋志华：朋辈团体在高校心理健康教育中的作用及其培养路径研究

以心理委员及时发现心理危机线索的案例引入，介绍朋辈团体的概念、作用和培养路径，以及朋辈团体成员选拔、培训方式等。

(十四)王晨冉:民办高等学校班级心理委员胜任力提升策略探析

针对民办高校的实际情况,结合所在学校的状况,提出心理委员胜任力提升的策略,如提升心理委员角色认同感、提升心理委员的主动性、建立健全规章制度、优化评价体系,同时重点介绍了心理委员培训的相关经验等。

(十五)孟醒:校园心理剧地域化创新在高校朋辈辅导中的探索实践

从地域化创新途径及其现实意义、《石榴红了》剧目的创作与实践等角度,介绍校园心理剧在朋辈辅导中的应用,特别介绍了如何利用当地红色资源、地域化特色等对学生进行大思政的引导。

(十六)徐艳平:叙事疗法在朋辈辅导和心理委员中的应用

介绍疫情防控期间针对本科生、研究生心理委员开展生命主题的叙事团辅的经验。

(十七)朱艳新:大一新生心理委员开展"新生适应单次团体辅导活动"的探索与实践

介绍如何培养心理委员开展单次团体辅导活动,以及团体辅导的设置和团体辅导的效果等。

(十八)宋兰霞:对高校朋辈心理咨询员开设选修课的探索——以广东岭南职业技术学院为例

介绍对高校朋辈心理咨询员开设选修课的必要性、可行性,以及学分设置、课程目标、内容安排、教学方法等。

(十九)刘晨:打造校园朋辈文化品牌影响力——以电子科技大学"成电心委"为例

从校园文化的角度,介绍打造校园朋辈文化品牌的重要性、实践方法、实践意义和效果等,以及对心理委员开设第二课堂等情况。

二十六、大学生自我管理

主讲人:岳晓东

主讲内容:岳教授从情绪管理、时间管理和任务管理三个方面讨论了大学生自我管理。首先情绪管理部分,讨论了压力等带来的心理障碍,提出了身体免疫力和心理免疫力的核心要素。其次时间管理部分,讨论了时间管理的概念、四象限图、时间管理的示意图等。再次任务管理部分,讨论了自学的不同方法、任务管理的四象限图、任务管理的分类,以及拖延症的成因。最后,结合中国传统文化讨论了化解烦恼的方法。

二十七、Peer support program in Oxford University

主讲人:Anne Ford

主讲内容: Anne Ford 主要介绍了工作坊在朋辈支持中,如何了解朋辈的思想与情感、建立朋辈关系的重要性以及如何建立良好的朋辈关系。牛津大学的朋辈项目始于 1990 年,最初的目的之一是减少影响寻求朋辈帮助的污名化现象,但现在的主题演化为适应学校与社会的变化。工作坊采用分组的方式,使小组中的每一个人都讲述自己对“朋辈支持是什么”的体会与理解,然后在大组中进行分享与总结。

二十八、第五届全国高校百佳心理委员论坛

主持人:余金聪、李积鹏

总结内容:为了进一步发挥优秀心理委员的典型示范作用,提升心理委员的心理自助与助人能力,有效推动全国高校心理委员队伍科学化、标准化、规范化建设,中国心理学会心理危机干预工作委员会、全国高校心理委员研究协作组于 2022 年 12 月 2 日通过线上形式举办第五届全国高校百佳心理委员论坛。论坛共计九项议程。

论坛开始,大会执行主席、全国高校心理委员研究协作组组长、西安交通大学心理健康教育与咨询中心姚斌主任对第五届全国高校百佳心理委员评选工作进行了简要介绍。他表示,本次百佳心理委员的评选工作秉持公平、公正、公开、有序的原则,在 88 位评审专家的审议之下顺利完成,具体名单在网络上予以公布。

大会执行主席、天津大学心理研究所创始人、中国心理学会心理危机干预工作委员会副主任、全国高校心理委员研究协作组首任组长詹启生博士致辞。他充分肯定了心理委员在学校心理健康教育工作中的重要性,强调各高校心理委员要不断提升自助与助人能力,掌握更多的心理助人方法与技巧,更好地发挥朋辈互助的积极性和主动性。

中南财经政法大学心理中心专职教师余金聪宣读第五届“全国百佳心理委员”及“全国百佳心理委员提名奖”名单。经评审专家委员会的评审,决定授予

北京大学王豪坤、天津大学王素娟等170名心理委员第五届“全国百佳心理委员”称号，重庆大学李文悦等122名心理委员获第五届“全国百佳心理委员提名奖”。同时，余金聪对第五届全国高校百佳心理委员论坛拟开展的工作和项目进行了简单介绍。

按照论坛议程，来自23所高校的26名心理委员参加第五届全国高校百佳心理委员论坛副主席成员的竞选。评委由西安交通大学姚斌老师、西北大学李佳老师、中南财经政法大学余金聪老师、天津商业大学李积鹏老师、湖北经济学院法商学院封静老师以及浙江树人学院周晓优老师担任。各位候选人从任职经历、工作设想等方面入手，充分地表达了自己的竞选意愿。

2022年12月2日下午的议程围绕高校心理委员特色工作经验交流展开。天津大学王素娟等19名来自不同高校的心理委员分享了自己在任期间的心理委员特色工作，充分发挥了优秀心理委员的积极作用，加强了高校心理委员之间的工作交流和经验分享，进一步丰富了高校心理委员工作的开展形式。

天津商业大学心理健康教育中心专职教师李积鹏宣读了第五届全国高校百佳心理委员论坛主席、副主席成员名单，经大会组委会讨论决定，任命吕静怡（海南大学）为第五届全国高校百佳心理委员论坛主席、李涵宇（西安交通大学）等14名心理委员为第五届全国高校百佳心理委员论坛副主席。随后，吕静怡作为主席团代表发言，她表示，担任论坛主席是一件非常荣幸的事情，是对自己过去的努力的肯定，在接下来的工作中，她将会在现有工作的基础上，做好工作规划，并逐步将其落到实处。

在分论坛闭幕环节，姚斌老师致辞，充分肯定了心理委员们的优秀表现，并鼓励大家继续用心做好助人工作。最后，参会的心理委员与专家们进行了线上合影。在大会闭幕式上，李积鹏老师对第五届全国高校百佳心理委员论坛的情况进行了总结，他表示，各位心理委员在第五届全国高校百佳心理委员分论坛中展示了良好的精神风貌，相信接下来的心理委员工作一定能够取得更高的成就，高校心理委员也一定能够发挥更大的作用。

另外，经中国心理学会心理危机干预委员会、全国高校心理委员研究协作组的评审，并在常务理事会议期间公示后，最终确定第三届全国高校心理委员工作示范单位（排名不分先后）如下。

华东师范大学

西北工业大学

电子科技大学
浙江师范大学
江苏大学
南京信息职业技术学院
中国科学技术大学
江苏师范大学
新疆师范大学
焦作师范高等专科学校

第七部分　第二届全国高校心理微电影获奖名单(2022)

2021年,由中国心理学会心理危机干预工作委员会组织发起的首届全国高校心理微电影优秀作品展成功举办。2022年11月22日,第二届全国高校心理微电影优秀作品展如期启动,广大心理微电影(心理短视频)爱好者积极提交了各类作品。经有关专家评审,第二届全国高校心理微电影的优秀作品展百佳心理微电影见表7-1。

表7-1　百佳心理微电影

学校	作品
安徽师范大学	《别看我只是一只羊》
北方民族大学	《爱在路上》
滨州学院	《我的宿舍有个她》
电子科技大学	《少年的烦恼》
福建技术师范学院	《风筝》
福州大学	《卷心菜》
贵州财经大学	《我一直在》
贵州工商职业学院	《跳出心的枷锁》
河北轨道运输职业技术学院	《我们》
河北医科大学	《孤岛》
河南工业大学	《和解》
河南经贸职业学院	《镜中人》
河南中医药大学	《破晓》
湖北三峡职业技术学院	《青春不与摆烂同行》
湖南大学	《内卷有毒,努力无罪》
湖南科技大学	《疫抑》
湖州师范学院	《裂缝是光照进来的地方》

续表

学校	作品
华中科技大学	《破茧》
吉林电子信息职业技术学院	《被光照亮的人》
吉林师范大学	《你其实也可以不普通》
济南工程职业技术学院	《存在》
济南工程职业技术学院	《我的“光”》
嘉兴南洋职业技术学院	《她似骄阳与星火》
江苏大学	《我和我们》
江苏师范大学	《比较》
江西理工大学	《花季贷价》
江西农业大学	《偏见》
焦作师范高等专科学校	《“疫”过天晴》
兰州大学	“To Be Yourself”
南昌大学	《特别》
南通大学	《From 含羞草 to 太阳花》
山东劳动职业技术学院	《向阳生长的少年》
山东农业大学	《“讨好”你,“逃”好我》
山西晋中理工学院	《一点星光》
上海电子职业技术学院	《门》
邵阳学院	《朋辈》
天津大学	《心理剧场之异地风波》
天津现代职业技术学院	《放开那个小孩》
温州理工学院	《关爱已心,缓春夏之“焦”》
温州医科大学	《沁》
西安电子科技大学	《你以为的心理咨询 VS 真实的心理咨询》
西安电子科技大学	《焦虑很正常,压力管理很重要》
西昌学院	《情绪讲解员》
西南财经大学	《仰光》
西南石油大学	《戏里戏外》
湘潭医卫职业技术学院	《遇见》
新疆师范大学	《我是谁》
扬州大学	《别了,别里科夫》

续表

学校	作品
浙江工业职业技术学院	《微笑面具》
浙江交通职业技术学院	《"疫"起网课,冷暖同行》
浙江理工大学	《请你拥抱我》
浙江理工大学科技与艺术学院	《苦难不能打倒我》
浙江师范大学	《贷²》
浙江树人学院	《再会!》
浙江水利水电学院	《疫过天晴之内卷趣谈》
郑州财经学院	《内向生长,向星绽放》
郑州航空工业管理学院	《小红花》
中国药科大学	"YOU & I"
中南财经政法大学	《仰光》
中南大学	《窗》
重庆师范大学	《心理咨询和闲聊有什么区别呢》
遵义医科大学	《常心抗疫,疫路有你》

中国心理学会心理危机干预工作委员会

2023年1月

第八部分　第四期全国心理委员标准化教学研讨暨心理委员督导会议（2023）

2023 年 5 月 1 日至 3 日，第四期全国心理委员标准化教学研讨暨心理委员督导会议在重庆师范大学举行。参会成员如图 8-1 所示。

图 8-1　参会成员

第四排：李　运　李文强　常德海　薛中海　茹彦杰　余金聪　王付顺　邢佳畅　刘心怡
第三排：蒋　莹　石　岭　王红菊　崔旭红　王　琴　孔　阳　张　硕　武丽佳　张　璐　罗　姝
第二排：余相静　赵玮玮　陈　婷　孟　伟　甘慧玲　米　多　陈　红　刘泽华　李宪琴　温娟娟
第一排：赵秀娟　刘明波　刘　卉　陶　辉　詹启生　姚　斌　李永慧　王立前　吴中文　陈　娟

这次会议是正式推进心理委员标准化教学的一次新会议。会议的主题为组织对心理委员工作感兴趣的老师们共同推动“心理委员广泛适用的标准化课程的建设”。

这次会议采用“专题主讲 + 成员讨论”的方式进行。专题内容由詹启生（天津大学）、刘卉（北京大学）、姚斌（西安交通大学）、刘明波（复旦大学）与李永慧（华东理工大学）负责主讲。

参会成员对各个专题进行了详细讨论。专题主讲与成员讨论所占的时间比例分别为 70% 与 30%。参会成员讨论后按各个专题进行了分组，为后期心理委员线上课程录制筹备了人才队伍。

第九部分　第11期与第12期天津大学心理委员论坛

为了举办好第11期与第12期天津大学心理委员论坛，向全校心理委员发布了两份通知。

1. 第11期心理委员论坛通知

各位心理委员，大家好！每一个人都可能有助人行为或助人意愿，而助人意念与哪些因素密切相关？助人意念与班级同学寻求帮助的关系又受哪些因素影响？天津大学心理研究所创始所长詹启生于2023年4月24日（周一）晚8:00—8:45在大通学生中心C区2层的205教室举办的“第11期心理委员论坛”上专门讨论以上问题。现征集参加人员，本次论坛限10名心理委员参加。报名时请提交姓名、性别、年级、学院、学号等信息。报名信息请发到邮箱psych@tju.edu.cn，以报名先后顺序为准。按时且完整出席论坛者，将获得精美礼品以及有论坛主持者签名的参与论坛证明。论坛联合主持人：张含悦。

2. 第12期心理委员论坛通知

各位心理委员，大家好！人际交往中一个重要的变量是熟悉程度。人与人之间是怎样从陌生到熟悉的呢？心理委员与班级同学的熟悉程度是怎么变化的？人际熟悉程度与求助行为有什么关系？天津大学心理研究所创始所长詹启生于2023年4月24日（周一）晚9:00—9:45在大通学生中心C区2层的205教室举办的“第12期心理委员论坛”上专门讨论以上问题。现征集参加人员，本次论坛限10名心理委员参加。报名时请提交姓名、性别、年级、学院、学号等信息。报名信息请发到邮箱psych@tju.edu.cn，以报名先后顺序为准。按时且完整出席论坛者，将获得精美礼品以及有论坛主持者签名的参与论坛证明。论坛联合主持人：彭维。

3. 报名注意事项

各位心理委员在报名时请注明是参加“第11期心理委员论坛”还是“第12期心理委员论坛”。收到回复信息为报名成功，报名但未收到回复信息者则为名额已满（期待您参加以后各期论坛）。期待您以轻松愉快的心情来探索感兴趣的问题。期待与各位心理委员共同度过一个美好的夜晚！

一、第 11 期心理委员论坛

（一）主题：心理委员助人意愿

第 11 期天津大学心理委员论坛成员合影如图 9-1 所示。

图 9-1　第 11 期天津大学心理委员论坛成员合影

第一排：王素娟、詹启生、彭　维、张日新、格桑梅朵
第二排：宋方林、张含悦、吕奕颖、王诗彤、王昕怡
第三排：鲍双庆、刘昶宏

（二）座谈会记录

问题 1：你认为助人意愿高的人有哪些特征和表现？

刘昶宏：我觉得他共情能力应该很强，能够深刻地体会到对方的感受。在日常生活中，他能够观察到对方细微的心理变化，知道对方什么时候需要帮助，并主动提供帮助。他性格一定十分开朗，用一种积极乐观的心态面对生活。

吕奕颖：我想补充一下刘昶宏同学说的。他刚才提到，有助人意愿的人共情能力比较强，能体会到别人的感受，观察到别人的心理变化，并设身处地去考虑问题。但是这样的人很容易内耗。他是一个很敏感的人，遇到事情，会想很多，做很多打算，其实这样对他本身来说，不一定是一件好事。

格桑梅朵：我之前遇到过一名同学，他非常乐于助人。当别人遇到难处时，他会非常热情地提出建议。但是他共情能力没那么强，只是对待他人很热情。

张日新：我就是格桑梅朵说的那种特别热情，但是情商又比较低的人。具体来说，就是对人特别热情，喜欢跟人交流，有亲和力，很平和。但是，可能心思不那么细腻，有时候只看到一些积极的地方，关注不到消极的方面，不能与人共情。所以我在保持这份热情的同时，要提高自己帮助别人的能力。

主持人：你们这种很热情的人，可能相对不会那么内耗，还可能在某种情况下更能发现其他人需要什么帮助。

王素娟：我是通过两种途径来提供帮助的：一是别人主动找我；另一个是在相处的过程中，通过观察可以感受到他们的状态变化。另外，助人意愿高，可能跟助人者的成长经历有关系，可能他自己在某些事情上需要帮助，所以他也想帮助别人；还有一个就是，比如说学心理学的人，帮助别人会有成就感。

王诗彤：有时候我的共情能力非常强，甚至属于讨好型人格。别人说一句话，我可能会想他为什么这么说，他这么说是对我有什么不满意，还是对我非常满意。我属于很想帮助别人，但是内耗比较严重的人。也可能因为自己受过伤，所以在力所能及的时候总想为别人撑一把伞。比如有的人看到校园暴力会选择视而不见，觉得这不是什么大事，因为他自己没经历过。但有的人经历过，当他长大后，有能力保护别人的时候，看到这种事儿，往往会伸出援手。

王昕怡：我就是一个平时非常热情，很爱帮助别人的人。原因之一就是我想得到大家的关注和帮助。我希望大家都能够非常和睦地相处，希望人与人之间能互相关心、互相帮助。我帮助别人，是想要在我有困难或者寻求帮助的时候，能得到别人的帮助。

格桑梅朵：我又想到一点。有时候我帮助别人，实际上也是自我的一种展现。比如这道题他不会，但是我会，我在给他讲题的时候，就会有一种自豪感，还有就是我如果在学习上有一些心得，我会特别想分享出去。如果有人问我在学习上的心得体会，我会特别热情地回答。其实这也是展现自我的一种。

王素娟：从记事开始我就有一个愿望，这个愿望听起来有点大，就是让我周围的人或者我接触到的人都能够快乐。所以上大学报志愿的时候我报了心理学,慢慢地我就走上了这条路。

问题 2:你觉得不同性格的人的助人意愿会存在不同吗?

王素娟:我觉得性格和助人意愿没有必然的联系。外向的人和内向的人都会有助人意愿,内向的人性格比较沉静,可能更适合与个体聊天,外向的人性格比较活泼,可能适合搞活动。但是也不能说性格外向的人不适合与个体聊天,我觉得没有必然的联系。

格桑梅朵:我觉得性格和助人意愿确实没有必然的联系,主要体现在行动上。助人包括主动助人和被动助人。主动助人体现在,当发现别人需要帮助时会主动提供帮助,或者跟别人交谈时表达自己的助人意愿。被动助人体现在,别人来找我,我肯定会提供帮助,但是我不会主动去帮助别人。我觉得内向的人可能更偏向于被动助人。外向的人,他就会主动帮助别人,所以在行动上,助人的成功率很高。

刘昶宏:我觉得不会存在不同,可能因为我理解这个问题的角度不一样。我觉得助人意愿跟我的性格关系不大,跟对方的性格关系比较大。因为我感觉交朋友这件事情 30% 看自己, 70% 看对方。“社牛”的人朋友特别多,可能是因为大部分是“被迫”成了他的朋友。所以,我认为,当我选择帮助这个人时,大概率是由他的性格决定的。

格桑梅朵:我会不会主动帮助别人,要看对方性格好不好。性格不好的人,我不会主动提供帮助,但如果他主动寻求我帮助,只要我自己能做到的,我肯定会帮。如果让我主动提供帮助,我肯定会选一些看上去性格比较平和的人。

张日新:我觉得帮助人也要看对方需要什么。比如有的人在难过的时候,需要的不是别人的安慰,而是需要静一静。我本身是一个热情的人,我会主动跟别人说话,表达我的善意,主动提供帮助。但是有一些人,他们性格比较内向,边界感比较强、戒备心也比较强,他们会跟别人保持一定的距离。对于这些人,我不会主动提供帮助。

王昕怡:我觉得愿不愿意帮助别人和自己的性格是有关系的。我是一个性格很外向,很热情的人,所以我很愿意帮助别人。

格桑梅朵:我感觉有些人助人可能是为了讨好别人。在我还没上大学的时候,我读过很多文章,文章中提过要学会去拒绝,不能所有的帮助都提供,影响到自己的生活也要帮助别人,对自己也是一种困扰。

张日新:我觉得助人意愿跟性格及与大家的熟悉程度有关系。有些人不愿意麻烦别人,也不愿意别人给自己添麻烦。

王昕怡:我就觉得助人意愿和每个人的看法及态度有关系。有些人认为帮助别人对自己的影响较大,他们可能不会提供帮助。而有些人可能认为帮助别人对自己没有太大影响,“赠人玫瑰手有余香”,就会愿意提供帮助。

问题 3:你认为合格的心理委员在助人方面应有怎样的表现?

王诗彤:作为一名心理委员,首先要清楚班里每个人的性格。比如我刚当心理委员时,我就做了一个问卷调查,调研同学们是否知道自己的性格、星座等。其次要有细致的观察力,能够敏锐地察觉到同学的心理变化。最后要有共情能力。

鲍双庆:我认为合格的心理委员,首先要有共情能力,及时发现同学的心理变化。其次要有判断能力,能够准确判断学生心理问题的严重程度。最后要会根据判断给出解决办法。

吕奕颖:我觉得一名合格的心理委员应该被同学看到和看重。在我的班级里,大多数同学对心理委员的印象仅停留在我知道他是我们班的男心理委员,我知道她是我们班的女心理委员。他们对心理委员不是很了解,也不是很信任。我觉得一个合格的心理委员,应该让班级同学认为他可以帮我解决一些困难,是我的倾诉对象。

鲍双庆:心理委员这个角色其实很尴尬。在班委群里,平时都是团支书、班长和副班长发消息较多。同学们有问题也愿意找班长、副班长,即使遇到情绪上的问题,他们也不会想到心理委员。在这种情况下,我觉得心理委员需要在班级里面多表现自己,让同学看到自己的价值。

张日新:我也同意这一点。事实上,在班级里只有班长和团支书的作用比较大。尤其是研究生班级,大家平时都比较忙,每次开班会几分钟就结束了。同学们对心理委员的职责和作用基本不了解。

王素娟:我面对的情况和上面几名同学不一样。我们班同学经常找我聊天。第一个原因可能是我们班人少只有 10 个人。第二个原因可能是我们班同学的求助意愿较大。在我的印象里,我和他们的聊天时长都超过两个小时。有一名学生,一个学期我要和他聊四五次。

格桑梅朵:我面临的困境也是心理委员的身份被大家忽略。我大一的时候就是心理委员,现在大二还是,我想给大家做一些实事儿。但是我发现,不论是班长还是团支书,在开班会时都在尽量节约时间,能不开就不开,必须开,也是压缩在 10 分钟之内完成，心理委员很难开展活动。这学期我是班级的学习委员，我平时收收作业，跟大家还能打一个照面儿，但是我当了学习委员之后，大家就忽略了女心理委员的身份了，只知道男心理委员。可能因为我们班男生多，男生有问题就找男心理委员解决了。所以我这个女心理委员的位置很尴尬。

刘昶宏：我也遇到过与格桑梅朵类似的情况。刚上大学的时候，作为心理委员，我开展的工作比较多，如做问卷调查、组织活动等。而有些同学会认为心理委员管的有点多。渐渐地，我在班里做的工作就少了，角色也淡化了。

时间关系，第四个问题未进行讨论。

二、第 12 期心理委员论坛

（一）主题：人际熟悉程度与心理委员助人行为、班级同学求助行为的关系

第 12 期天津大学心理委员论坛成员合影如图 9-2 所示。

图 9-2　第 12 期天津大学心理委员论坛成员合影

第三排：宋方林　王尚瑞　丁　灏　鲍双庆
第二排：张含悦　杨艳丽　徐艳培　王诗彤
第一排：王素娟　潘蓓蓓　吕奕颖　詹启生　李飞飞　张日新　彭　维（从左往右）

（二）座谈会记录

问题1：两个人的熟悉程度可以从哪些角度来判断？

王尚瑞：自我暴露的程度。如果面对比较熟悉的人，我比较愿意自我暴露，如果面对不熟悉的人，暴露缺点可能会给我带来一些安全隐患。

徐艳培：分享欲。当看到有趣的东西时，最先要分享的人可能是比较熟悉的人。

王尚瑞：在平时交谈的过程中，用简单的语言沟通就能取得良好效果的人应该是更熟悉的人。因为我们两个更有默契。

吕奕颖：从聊天的深度上可以体现出熟悉程度。当两个人在一起相处时，即使没有语言上的交流也不会觉得尴尬，这是比较熟悉的状态。

王素娟：距离感。和不熟悉的人相处，会有距离感；和比较熟悉的人相处，没有距离感，会很舒服。

鲍双庆：如果我和一个人比较亲密、比较熟悉，我愿意为他付出很多时间和精力。

吕奕颖：说话方式。和熟悉的人说话会比较随意，和不熟悉的人说话会比较客气。

王素娟：我的一个朋友告诉我，熟悉的人通过眼神就能读懂对方。

问题2：如果有同学或者朋友因为心理困扰，向你们寻求帮助，你们愿意为他们提供哪些帮助呢？

鲍双庆：情感方面的帮助，就是听他们"吐槽"。在"吐槽"的过程中他们的情绪会得到一种释放。

王尚瑞：我可能会帮他们找一些心理学的公众号推送的文章或者为他们推荐合适的心理咨询师。

问题3：怎么增加熟悉感？

王尚瑞：我想再补充一个关于陌生和熟悉的问题。我觉得彼此熟悉的两个人应该清楚地知道对方讨厌什么、喜欢什么。而拉近关系比较好的方式是一起参加小组活动。

王素娟：七八名学生共同完成一个项目。

王尚瑞：我觉得可以把心理剧推广到班级中。

丁灏：可以通过一些趣味运动会之类的活动，促进同学们进行单独交流。

张日新：两个人从陌生到熟悉，可以先从简单的打招呼开始，然后在不打扰对方的情况下进行简单的交流。

潘蓓蓓：我现在已经研二了，参加的社交活动特别少，基本上只认识舍友和实验室的人。我觉得可以通过增加见面次数和说话次数来增加熟悉感。

杨艳丽：我觉得现在的很多人都是先从加微信或者 QQ 好友开始认识的，可以像潘蓓蓓学姐说的通过增加两个人在现实中见面的次数来增加熟悉度，或者两个人一起参加社交活动、完成一项任务，或者在节日的时候一起出去玩等，这些都可以增加熟悉度。

王素娟：我们可以发动班集体的力量，大家一起解决同一个问题的时候目标感会比较强，熟悉起来会更容易。

吕奕颖：我觉得人与人之间慢慢熟悉需要一个机缘。这个机缘可以是共同的爱好，也可以是共同的"槽点"。就"槽点"来说，我刚入学的时候宿舍在七楼，有时候会在楼道里"吐槽"住七楼太高了，还没有电梯，这时候很多刚入学的新生就会走出宿舍加入讨论。这说明共同的感受让我们变得熟悉了。

鲍双庆：我觉得一起去吃饭、出去逛，会让两个人变得熟悉。

李飞飞：我和宿舍中的一个舍友比较熟悉，因为我们玩同一款游戏，所以聊得会比较多。找到自己和别人的共同点，从这个共同点出发展开交流会让彼此越来越熟悉。

徐艳培：每个人的兴趣都不一样。可以通过多参加一些活动来增加熟悉度。

王诗彤：我补充一点，熟悉和不熟悉可以分为两个方向：一个是通过对方平时喜欢说什么、喜欢干什么来了解对方；另一个是通过对方喜欢发什么表情包来了解对方。所以我感觉熟悉这个概念可以从现实和互联网两个方面来定义。

第十部分　首届中小学心理危机干预工作研讨会交流材料

1. 华东师范大学济南实验学校（现更名华曜济南实验学校）心理工作展示

陈　潇

华东师范大学济南实验学校创立于2018年。作为华东师范大学基础教育集团成员之一，学校秉承华东师范大学的文化渊源，学校的心理健康教育工作也充分发挥华东师范大学综合优势和专业特长，始终以学生的身心健康发展为重要目标。

学校于2018年成立心理健康辅导中心，现拥有专职和兼职心理教师3人，学校心理危机干预工作内容如下。

对存在心理危机的学生提供全程、全员、全身心救助、支持、陪伴服务。

对重点学生，开展心理危机评估工作，提前预防，推动心理危机工作常态化。

对全校师生，开展“5·25，吾爱吾”系列心理健康教育日活动；开设心理团辅课、普及心理健康知识；为全校师生、家长、教职工提供个别心理咨询服务及家庭教育指导；组织每个年级学生成立心理社团，开展朋辈互助项目、心理剧等活动，同时还邀请家长参与其中，为亲子沟通提供专业互动支持。

学校面对的困惑与挑战：如何清晰界定心理危机与教育教学管理危机？如何提升教师与校级管理人员的心理压力缓解能力及专职心理老师专业支持及督导能力？如何加强家校互动，让家长在家庭生活中有效预警学生的心理危机？

2. 华东师范大学附属浦东临港小学心理工作展示

邵玉兰

学校的心理危机干预工作重在预防,在做好日常的心理健康教育工作的同时,从各方面把心理健康教育工作常态化做扎实,防患于未然,把心理危机事件扼杀在摇篮里,而不是等到心理危机发生时才被动地做一些应急处理工作。

目前学校已开展的常规心理健康教育工作包括:每周开设一节心理健康教育课;两周开展一次的心理广播;不定期举行心理主题班会;面向教师开展心理培训;面向家长开展心理培训;提供个体心理咨询服务。

学校开展的心理健康教育工作已取得一定的效果。学生们喜欢心理课,并在课上丰富了心理健康知识,同时也能主动寻求心理咨询服务。通过心理健康知识科普讲座,学生揭开了心理咨询的神秘面纱,提高了主动寻求心理帮助的积极性和自觉性。具体表现在:预约心理咨询的学生举止自然大方;老师和同学不再觉得来做心理咨询的学生就一定有心理问题,他们知道很多学生只是暂时遇到了自己无法解决的困扰,需要找心理老师探讨一下。由此,学校将心理健康教育工作服务向更多同学普及,而不是只盯着有心理危机的同学,咨询也不再只为特殊学生服务;同时,将心理健康教育工作与全员导师制的工作内容及班主任工作访谈的培训内容相结合,让每个学生都有可信赖的"心灵导师"。

学校面对的困惑与挑战:心理危机干预工作是系统性工作,作为一所新学校,学校在心理健康教育工作的预防层面仍在起步阶段,急需更专业的支持。

3. 上海市甘泉外国语中学心理危机干预工作展示

张　莹

学校创立于 1954 年,是上海市心理健康教育示范校,于 2000 年成立心理健康辅导中心,现拥有专职心理教师 3 人,学校危机干预工作特色如下。

(1)朋辈互助,携手同行。

学校建立覆盖全校所有班级(宿舍)的心理联络员网络,开展心理健康宣传工作和朋辈沟通、观察、互助、识别、上报工作,定期举行"知心社"社团活动,以提高学生的心理素质和自我调节能力，为学生营造了一个健康向上的“内环境”。

（2）爱心团队，助力成长。

学校在每学期开学时，第一时间进行全校摸排，统计需要重点关注的学生名单；成立由班主任、年级组长、心理教师、生活导师、中层领导组成的“五人爱心团队”，以“5对1”形式开展心理危机个案干预工作，帮助学生渡过难关，健康成长。

（3）课程融合，创新路径。

学校将建成近千平方米的“心理+”创新实验室，以“心理+体育”“心理+艺术”“心理+劳动”等跨学科融合课程开发为载体，创新学校心理健康教育的实践路径。

学校面对的困惑与挑战：对存在心理危机的学生是否来校没有明确的规定；如何帮助广大教师减轻心理压力；如何进一步使心理教师团队更强大，尤其是如何获得专业的督导和支持。

4. 杭州市实验外国语学校心理工作展示

马　琳

学校心理危机干预工作的理念：从老师、家长、学生三方面打造全员性、预防性、发展性和生长性的绿色生态支持系统，呵护学生身心健康成长；重视心理筛查监控，对正在经历心理危机的学生进行积极干预。

学校成立心理危机干预工作领导小组，由校长担任组长；做好存在心理危机学生的心理危机干预工作，当机立断，医教结合，家校联动。

学校在每学期的第一个月完成心理普查工作，评估确定一、二、三类心理危机学生。此三类心理危机学生由班主任进行日常重点跟踪，提供帮助；二、三类心理危机学生还要由心理辅导中心老师进行跟踪，且二类心理危机学生隔周面询，三类心理危机学生每周面询。

学校关注全体学生的心理健康，在做好基本工作的同时组织学生上好心理活动课。另外，学校也做好心理宣传、心理委员管理、心理社团、个别咨询、团体辅导等方面的工作。

学校加强对教师、家长的培训，做好支持工作，构建促进学生成长的良好生态支持系统；面向教职工群体，定期开展心理素养提升培训、班主任培训、生活老师培训；面向家长群体，做好年级段家长通识讲座、家访交流、家长接待日等活动。

学校面对的困惑与挑战：针对学生心理问题出现低龄化趋势，如何预防？老师的心理危机问题如何应对？

5. 南京市第五高级中学心理工作展示

徐 平

学校心理危机的预防与干预模式为全员参与的“1+N”接力辅导。“1”为危情第一响应人，可以是家长、科任老师、班主任、宿管阿姨、保安等；“N”为学校心理工作小组成员，如班主任、年级组长、德育主任、德育校长、心理教师等。

“1+N”接力辅导，是指当学生出现心理危机时，危情第一响应人从危机开始到平息，自始至终都陪伴在学生身旁。“N”作为系统智慧，不直接与学生接触，从旁协助危情第一响应人快速处理与应对，将事态影响程度降到最低，最大限度保护学生隐私。

这种模式非常有利于全员导师制的落实。一是可以解决心理专业师资严重不足的难题。不一定所有危急情况都需要专业心理工作者出面解决。二是可以解决普通老师不敢处理心理危机个案的专业壁垒问题。日常的心理知识科普以及学校心理危机系统联动保障机制，可以让教育教学一线的普通教职工，在需要帮助时立即得到及时而专业的响应，从而实现“人人发现危情，人人响应危情”。学校心理危机系统联动保障机制可以从旁协助，或者专业介入，从而“快、准、隐”地化解危机于无形，既保障了学校正常的教育教学秩序，也有利于保护未成年人的隐私。

6. 上海交大教育集团沪临实验学校心理工作展示

王 治

中小学生由于其特定的角色、所处环境和身心特点，在成长中会遇到各种各样的问题。若这些问题处理不当则容易引发学业危机、情感危机、人际关系危机、生活危机、青春期心理危机等。在社会转型过程中,随着学生内部、外部的风险性因素的增加,学生发生心理危机的可能性也在不断增加。

中小学校的心理健康教育工作是对未成年人身心健康成长的一种保护,所以必须遵守社会伦理道德、人权、法律等底线。学校心理老师应该关注全校师生的整体身心健康,而不是将全部精力、时间放在某一名学生身上,要学会有效地整合资源,寻求更多的帮助。

学校的心理危机预防工作很重要,要建立一整套完善的制度、流程,按规则来分类分级处理心理危机问题。但在实际执行过程中,学校管理者及心理老师,却受种种条件限制,不能有效地开展预防及干预工作。

学校面对的困惑与挑战:学校心理老师受自身专业实操能力限制,对中小学生心理问题的预防及干预工作力不从心,急需学会如何建立一套心理危机预防与干预流程;校内心理老师的教研活动少,实操能力有待提升;需要专业、权威的心理危机预防与干预刊物。

7. 上海市民办平和学校心理工作展示

苏一诺

上海市民办平和学校是一所十二年制民办学校,设有小学部、初中部、国际课程高中部,现有在校学生 2 000 余名。学校心理健康教育工作基于“平而不庸、和而不同”的学校文化,围绕“自信、自由、自然、自省、自主”的学生培养目标开展。学校尊重学生成长规律,关注学生生命体验以及心理发展特点,结合寄宿制校园特征,开展切实有效的心理健康教育活动。

学校不断优化心理健康教育管理体系,构建以心理辅导中心、德育分管领导、班主任团队、家委会、学生社团合力形成的德育组为主体,以资源配置中心为支持,全体教师与学生家长共同参与的工作体制,形成了多层次心理健康教育工作网络。学校心理危机干预系统制度完善、运行有序。学校建立三级预警机制,每学期开展心理危机干预培训,客观全面地了解学生心理健康状态,对潜在心理危机个案进行评估预防,提前关注,及时跟进。

学校不断拓展途径,搭建多层面的心理健康教育立体平台:完善心理咨询中心设施设备，营造温馨的心灵成长环境；各学部至少有一个年级开设心理课，普及心理健康知识；为全校学生及其家长、在职教职工提供个别心理咨询服务及家庭教育指导；举办学生心理社团、朋辈支持项目、心理月等活动，为学生自助互助提供交流平台；邀请家长参与心理健康教育工作，为家长提供亲子沟通互动的机会，以及科学的家庭教育方法。

学校通过营造校园文化氛围，提升师生、生生之间教育互助的影响力，增强家校协作共育合力，使心理健康教育工作成为学生成长的动力之源。

8. 昆山市实验小学心理工作展示

荣建强

学校采用危机干预六步法，旨在防微杜渐，对学生的心理问题做到早筛查、早发现、早通报、早评估、早干预，有效改善心理危机学生的心理状态，增强其心理韧性，提高其心理健康水平，化危为机，转危为安。

量表普筛，日常观察。最近三年的学生心理诊断测验（MHT）筛查结果显示，一、二级心理危机人数累计近百人，心理危机人数呈现逐年递减趋势，干预初见成效。另外，班主任加强日常观察，将受到重大创伤的学生快速纳入心理危机干预体系，再迅速开展个案访谈。

个案访谈，评估程度。专职心理老师利用“心理访谈评估表”进行快速评估，同时从实时心情、一般状态、感知与应对方式以及支持系统等方面进行多维度评估，确认心理危机等级并预警，锁定重点干预对象。

约谈家长，书面告知。启动心理危机干预流程，第一时间通知校领导、约谈家长、出具书面家长告知书，并转介未成年人指导中心或专科医院进行评估和治疗。

四方会谈，协定保密。校领导、专职心理老师、班主任、家长开展四方会谈，家校联动，形成多方支持系统，并签署会谈保密协议。

复学返校，提供报告。因心理危机暂时休学的学生申请复学，须向学校出具学校认可的医院开具的疾病康复证明。

家校合作，后续支持。学生复学后，学校视具体情况妥善安排其学习生活，帮助其建立良好的防护支持系统（家校、师生、同伴），使其重回健康轨道。

9. 都江堰市八一聚源高级中学心理工作展示

陈维民

（1）学校心理危机干预实施方案。

为存在心理危机的学生建立专业支持档案。

通过心理健康问卷开展心理健康调查。比如：每年 9 月开展心理健康普查；每个班级填写“班级心理晴雨表”；等等。

通过心理调查结果，以及班主任观察、学生交流、家长访谈，确定存在心理危机的学生。

（2）心理危机学生帮扶办法。

对存在一般心理问题的学生，班主任和科任教师不定期找其谈话，并做好记录；对有严重心理障碍或心理疾病或可能存在安全风险的学生采取必要的干预措施。

（3）方案实施的效果及注意事项。

心理问题或心理疾病的确定需要综合各方面的因素，如心理测量、师生观察、学生和家长访谈、学生个人日记等。

心理疾病和生理疾病、思想问题一样，也需要做好预防性工作。

心理问题或心理疾病的产生，往往与家庭教育方式、家庭环境有关，要想治本，要重视家庭教育，让家长做好支持和配合。

有心理问题或心理疾病的学生犯错，在帮助教育后，一定要做好安抚。

当遇到无法避免且可能会影响学生情绪的事件时，如考试，应做好事前事后安抚工作。

附录一:《心理委员工作蓝皮书》各省区市调查组组长与副组长名单

《心理委员工作蓝皮书》顾问:刘正奎(中国科学院心理研究所)。

《心理委员工作蓝皮书》调查组组长:詹启生(天津大学)。

地区		职务	学校	老师	备注
东北地区	黑龙江	组长	黑龙江大学	李永升	
		副组长	黑龙江科技大学	杨凤娟	
	吉林	组长	长春工业大学	张丽波	
		副组长	长春金融高等专科学校	李厚仪	
	辽宁	组长	大连大学	姜立君	
		副组长	东北财经大学	任博华	
华北地区	北京	组长	中国农业大学	周蜜	
		副组长	北京社会管理职业学院	贺小瑞	
	天津	组长	天津商业大学	李积鹏	
		副组长	河北工业大学	李梓萌	
	河北	组长	河北经贸大学	付海玲	
		副组长	河北轨道运输职业技术学院	王立前	
	山西	组长	山西大学商务学院	贾素萍	
		副组长	太原师范学院	丛玉燕	
	内蒙古	组长	内蒙古财经大学	包文	
		副组长	内蒙古商贸职业学院	明晶	

续表

地区		职务	学校	老师	备注
华东地区	山东	组长	山东大学	李晓含	
		副组长	济南工程职业技术学院	张影侠	
	江苏	组长	南京医科大学	王志琳	
		副组长	南京信息职业技术学院	孙元元	
	浙江	组长	浙江理工大学	卢传赟	
		副组长	浙江交通职业技术学院	史秀玉	
	上海	组长	华东理工大学	郑悦	
		副组长	上海建桥学院	齐孟翰	
	安徽	组长	安徽师范大学	沈艳红	
		副组长	滁州学院	张瑾	
	江西	组长	江西师范大学	刘玲玲	
		副组长	江西外语外贸职业学院	井凯	
	福建	组长	福州大学	许琳玲	
		副组长	福州外语外贸学院	陆美月	
华中地区	河南	组长	河南工业大学	尚宇红	
		副组长	南阳理工学院	莫华敏	
	湖北	组长	中南财经政法大学	余金聪	
		副组长	湖北经济学院法商学院	封静	
	湖南	组长	湖南大学	杨航	
		副组长	长沙民政职业技术学院	丁玲	
华南地区	广东	组长	广东海洋大学	刘国华	
		副组长	惠州学院	钟小川	
	广西	组长	桂林理工大学	邓金萍	
		副组长	广西大学	曾珍	
	海南	组长	海南大学	王昌纯	
		副组长	海口经济学院	张东明	

续表

地区		职务	学校	老师	备注
西北地区	陕西	组长	西安交通大学	康楠	
		副组长	西北工业大学	刘欣	
	宁夏	组长	宁夏大学	秦莉	
		副组长	宁夏职业技术学院	吴晓庆	
	甘肃	组长	兰州理工大学	孔艳赟	
		副组长	兰州财经大学	马梅芬	
	青海	组长	青海民族大学	马晓霞	
		副组长	青海交通职业技术学院	赵明芳	
	新疆	组长	新疆财经大学	艾丽菲热·吾甫尔	
		副组长	新疆师范大学	郑宽宽	
西南地区	四川	组长	四川师范大学	高玮	
		副组长	成都航空职业技术学院	张琴	
	重庆	组长	重庆大学	王群	
		副组长	重庆师范大学	陈娟	
	贵州	组长	贵州财经大学	李丽	
		副组长	遵义医科大学	杨丽	
	云南	组长	昭通学院	刘云美	
		副组长	保山中医药高等专科学校	李艳清	

附录二：教育部等十七部门关于印发《全面加强和改进新时代学生心理健康工作专项行动计划（2023—2025年）》的通知

（教体艺〔2023〕1号）（节选）

各省、自治区、直辖市教育厅（教委）、检察院、党委宣传部、网信办、科技厅（局）、公安厅（局）、民政厅（局）、财政厅（局）、卫生健康委、广电局、体育局、妇儿工委办公室、团委、妇联、关工委、科协，新疆生产建设兵团教育局、检察院、党委宣传部、网信办、科技局、公安局、民政局、财政局、卫生健康委、文体广电和旅游局、妇儿工委办公室、团委、妇联、关工委、科协，中国科学院各相关研究院所：

《全面加强和改进新时代学生心理健康工作专项行动计划（2023—2025年）》已经中央教育工作领导小组会议审议通过。现印发给你们，请结合实际认真贯彻执行。

教育部 最高人民检察院 中央宣传部
中央网信办 科技部 公安部
民政部 财政部 国家卫生健康委
广电总局 体育总局 中国科学院
国务院妇儿工委办公室 共青团中央 全国妇联
中国关心下一代工作委员会 中国科学技术协会
2023年4月20日

全面加强和改进新时代学生心理健康工作专项行动计划(2023—2025年)

促进学生身心健康、全面发展,是党中央关心、人民群众关切、社会关注的重大课题。随着经济社会快速发展,学生成长环境不断变化,叠加新冠疫情影响,学生心理健康问题更加凸显。为认真贯彻党的二十大精神,贯彻落实《中国教育现代化2035》《国务院关于实施健康中国行动的意见》,全面加强和改进新时代学生心理健康工作,提升学生心理健康素养,制定本行动计划。

一、总体要求

(一)指导思想

以习近平新时代中国特色社会主义思想为指导,全面贯彻党的教育方针,坚持为党育人、为国育才,落实立德树人根本任务,坚持健康第一的教育理念,切实把心理健康工作摆在更加突出位置,统筹政策与制度、学科与人才、技术与环境,贯通大中小学各学段,贯穿学校、家庭、社会各方面,培育学生热爱生活、珍视生命、自尊自信、理性平和、乐观向上的心理品质和不懈奋斗、荣辱不惊、百折不挠的意志品质,促进学生思想道德素质、科学文化素质和身心健康素质协调发展,培养担当民族复兴大任的时代新人。

(二)基本原则

——坚持全面发展。完善全面培养的教育体系,推进教育评价改革,坚持学习知识与提高全面素质相统一,培养德智体美劳全面发展的社会主义建设者和接班人。

——坚持健康第一。把健康作为学生全面发展的前提和基础,遵循学生成长成才规律,把解决学生心理问题与解决学生成才发展的实际问题相结合,把心理健康工作质量作为衡量教育发展水平、办学治校能力和人才培养质量的重要指标,促进学生身心健康。

——坚持提升能力。统筹教师、教材、课程、学科、专业等建设,加强学生心理健康工作体系建设,全方位强化学生心理健康教育,健全心理问题预防和监测机制,主动干预,增强学生心理健康工作科学性、针对性和有效性。

——坚持系统治理。健全多部门联动和学校、家庭、社会协同育人机制,聚焦影响学生心理健康的核心要素、关键领域和重点环节,补短板、强弱项,系统强化学生心理健康工作。

（三）工作目标

健康教育、监测预警、咨询服务、干预处置“四位一体”的学生心理健康工作体系更加健全，学校、家庭、社会和相关部门协同联动的学生心理健康工作格局更加完善。2025年，配备专（兼）职心理健康教育教师的学校比例达到95%，开展心理健康教育的家庭教育指导服务站点比例达到60%。

二、主要任务

（一）五育并举促进心理健康

1. 以德育心。

2. 以智慧心。

3. 以体强心。

4. 以美润心。

5. 以劳健心。

（二）加强心理健康教育

6. 开设心理健康相关课程。

7. 发挥课堂教学作用。

8. 全方位开展心理健康教育。

（三）规范心理健康监测

9. 加强心理健康监测。

10. 开展心理健康测评。

（四）完善心理预警干预

11. 健全预警体系。县级教育部门要依托有关单位建设区域性中小学生心理辅导中心，规范心理咨询辅导服务，定期面向区域内中小学提供业务指导、技能培训。中小学校要加强心理辅导室建设，开展预警和干预工作。鼓励高中、高校班级探索设置心理委员。高校要强化心理咨询服务平台建设，完善“学校—院系—班级—宿舍 / 个人”四级预警网络，辅导员、班主任定期走访学生宿舍，院系定期研判学生心理状况。重点关注面临学业就业压力、经济困难、情感危机、家庭变故、校园欺凌等风险因素以及校外实习、社会实践等学习生活环境变化的学生。发挥心理援助热线作用，面向因自然灾害、事故灾难、公共卫生事件、社会安全事件等重大突发事件受影响学生人群，强化应急心理援助，有效安抚、疏导和干预。

12. 优化协作机制。

(五)建强心理人才队伍

13. 提升人才培养质量。

14. 配齐心理健康教师。高校按师生比例不低于 1∶4 000 配备专职心理健康教育教师,且每校至少配备 2 名。中小学每校至少配备 1 名专(兼)职心理健康教育教师,鼓励配备具有心理学专业背景的专职心理健康教育教师。

15. 畅通教师发展渠道。

(六)支持心理健康科研

(略)

(七)优化社会心理服务

(略)

(八)营造健康成长环境

(略)

三、保障措施

(一)加强组织领导

(略)

(二)落实经费投入

(略)

(三)培育推广经验

建设学生心理健康教育名师、名校长工作室,开展学生心理健康教育交流,遴选优秀案例。支持有条件的地区和学校创新学生心理健康工作模式,探索积累经验,发挥引领和带动作用。